Elsass
Vogesen

Claudia Christoffel-Crispin und
Gerhard Crispin sind in Saarbrücken,
unmittelbar an der deutsch-französischen
Grenze, geboren. Das Elsass bezaubert
die beiden Reiseschriftsteller bis heute.

 Familientipps

 Diese Unterkünfte haben
behindertengerechte Zimmer

 Ziel in der Umgebung

Preise für ein Doppelzimmer ohne Frühstück:

€€€€ ab 130 €   €€ ab 60 €
€€€ ab 90 €   € bis 60 €

Preise für ein dreigängiges Menü
ohne Getränke:

€€€€ ab 110 €   €€ ab 35 €
€€€ ab 70 €   € bis 35 €

Inhalt

◄ Weinberge rahmen den viel besuchten
Ort Riquewihr (► S. 86) malerisch ein.

Unterwegs im Elsass 30

Nördliche
Vogesen

Straßburg und
Umgebung

Mittlere
Vogesen

Südliche
Vogesen

Touren und Ausflüge 94

Wissenswertes über das Elsass 100

✳ Karten und Pläne

Willkommen im Elsass Ländlich, beschaulich, herzlich. Die Region zwischen Rhein und Vogesen ist ein idealer Fleck, um Natur, Kultur und Küche zu genießen.

Beim Frühstück erklärt Madame, was heute zum Abendessen gekocht werden soll: »Gänsekeulen mit kleinen Kartoffelknödelchen, wenn es recht ist. Vorneweg ein Salat mit heißem Ziegenkäse«, und »Ach ja, sprechen Sie Französisch? Dann setze ich Sie neben unsere neuen Gäste, ein Paar aus Südfrankreich …«

Madame kümmert sich aufmerksam um ihre Gäste, köstlich essen sollen sie und sich dabei angenehm unterhalten. Wellness auf elsässische Art. Dabei ist ihre »Ferme-Auberge« im nördlichen Elsass, nahe der deutschen Grenze, kein Luxustempel, aber wenn die Schwiegertochter aus der Küche Heidelbeertarte trägt oder die dunkelglänzenden Kuchen zum Abkühlen auf den Tisch vor dem Blumenkasten mit den Geranien stellt, wird mit dem Blick aufs Dessert für diesen Abend Luxus neu definiert.

Reich an Genüssen

Dabei ist die ausgezeichnete Küche nur eine Facette, die das Elsass so unwahrscheinlich reich an Genüssen macht. Die Landschaft ist wie geschaffen für Wanderer, Fotografen, Golfer – selbst für Skifahrer, reist man im Winter in die Vogesen. Im Herbst steigen morgens die Nebelbänke aus den weiten Wiesen auf und legen geheimnisvolle zarte

◄ Im Schutz der Vogesen erstreckt sich das Weinland Elsass mit weitläufigen Äckern und sanften Hügeln.

Schleier um Dörfer, deren Häuser sich um Kirchen mit spitzen Türmen scharen wie Küken um eine Henne. Großartig ist auch der Blick auf die Burgen. Viele von ihnen haben die staufischen Herrscher im Mittelalter errichten lassen. Majestätisch ragen Mauern aus dichten Wäldern hervor, künden von jahrhundertealter Kultur. Gleiches gilt auch für die Musik: Das Elsass ist reicher als alle anderen französischen Regionen an Orgeln, darunter befinden sich die Prachtstücke des weltberühmten Orgelbauers Andreas Silbermann aus dem 17. Jahrhundert. Ihr Klang entrückt die Konzertbesucher noch immer, etwa in der barocken Abteikirche St-Maurice von Ebersmunster.

Weinberge und Wald

Hier hohe Kunst, dort bäuerlicher Alltag. Rund um Colmar wird Wein angebaut. Die Winzer kultivieren ihre Reben, deren Anblick so malerisch wirkt. Wer über einen Weinberg wandert, beginnt angesichts der unzähligen Weinstöcke, die geschnitten, gezogen und deren Trauben geerntet werden müssen, zu erahnen, wie viel Arbeit darin steckt. Und dann, mitten in diesem Land von Wein und Wald, trifft man auf das Museum Unterlinden mit einem Kunstwerk, das Hunderttausende aus aller Welt anlockt: den Isenheimer Altar. Malerei kann nicht eindrucksvoller sein.

Bei Straßburg wird viel Geld in neue Technologien investiert. Das verhindert natürlich nicht die Arbeitslosigkeit vieler Immigranten. Auch das moderne Elsass hat seine Probleme. Aber schon immer hat es von seiner geografischen Lage profitiert, und immer wieder fließt Geld und neues Wissen in das Land.

Schätze des Münsters

Wie damals vor Jahrhunderten beim Bau einer gotischen Kathedrale: des Straßburger Münsters. Sich auf der Place de la Cathédrale vor die Fassade des Münsters zu setzen, seinen Blick langsam die rosa Sandsteinfassade hochklettern zu lassen – das allein lohnt schon eine Reise ins Elsass. Das prächtige Portal zieht die Blicke auf sich, darüber die filigrane Glasrosette und weiter oben die Galerie der Engel. Betritt man das Gotteshaus, wird die Ehrfurcht noch stärker; durch die hohen gotischen Fenster fällt Licht in Bahnen herein, die Apsis scheint weit entfernt. Der Engelspfeiler lässt die Besucher staunen, die Anzahl der Schätze des Münsters ist übergroß.

Beim Wandern über die Wege der Vogesen hat man viel Zeit, seine Eindrücke Revue passieren zu lassen. Ebenso wenn man im Boot gemächlich auf dem Rhein-Rhône-Kanal dahingleitet. Wie anders sieht die doch Welt aus, wenn man sie aus einem Boot betrachtet!

Museen in Mülhausen

Viel Neues erfährt man in den Museen von Mülhausen über diese Welt. Seien es Eisenbahn, Automobil, elektrischer Strom – neue Erkenntnisse gibt es zu gewinnen, neue Einblicke, die den Verstand anregen und die man einfach so mitnimmt, die noch lange nachwirken und die vielleicht sogar den Alltag ein bisschen neuer werden lassen.

MERIAN-TopTen
MERIAN zeigt Ihnen die Höhepunkte der Region: Das sollten Sie sich bei Ihrem Besuch im Elsass nicht entgehen lassen.

 Burg Fleckenstein
Ein leichter Spaziergang führt mitten in die Sandsteinfelsen der nördlichen Vogesen und zur historischen Burg (▸ S. 50).

 Straßburger Münster
Das Wahrzeichen der Stadt wirkt im Glanz der untergehenden Sonne besonders eindrucksvoll (▸ S. 53).

 Palais Rohan, Straßburg
Drei Museen beherbergt die einstige Straßburger Residenz der Kardinalbischöfe (▸ S. 55).

 Musée Tomi Ungerer, Straßburg
Ein bürgerlicher Rahmen für freche Werke des bekannten Illustrators (▸ S. 57).

 Haut-Kœnigsbourg
Die majestätische Trutzburg über der Rheinebene bei Sélestat bietet grandiose Ausblicke (▸ S. 71).

 Krutenau/Petite Venise, Colmar
Die Lage am Wasser bescherte dem Colmarer Viertel den Beinamen »Klein-Venedig« (▸ S. 76).

7 **Isenheimer Altar, Colmar**
Die ausdrucksstarken Darstellungen auf dem berühmten Flügelaltar haben Weltruhm erlangt (▶ S. 78).

8 **Kaysersberg**
Malerisch präsentiert sich der Geburtsort des Mediziners und Autors Albert Schweitzer bei Colmar (▶ S. 85).

9 **Ecomusée bei Mülhausen**
In den Bauernhäusern des Freilichtmuseums wird noch ganz im Stil vergangener Jahrhunderte gearbeitet (▶ S. 93).

10 **Grand Ballon d'Alsace**
Der grandiose Fernblick vom höchsten Gipfel der Vogesen (1424 m) lässt alle Mühen des Aufstiegs rasch vergessen (▶ S. 93).

MERIAN-Tipps
Mit MERIAN mehr erleben. Nehmen Sie teil am Leben der Region und entdecken Sie die unbekannten Seiten des Elsass.

1 Hotel Cour du Corbeau, Straßburg
In dem alten Fachwerkgebäude logierten bereits Könige und Kaiser (▸ S. 13).

2 Restaurant À L'Ange, Lipsheim
Das Lokal an der »Sauerkrautstraße« bietet elsässische Gerichte in großer Auswahl (▸ S. 15).

3 Alte Bauernmöbel
Vielerorts kann man kostbare Stücke entdecken, die durch ihre Schlichtheit beeindrucken (▸ S. 23).

 4 Hotel Le Moulin, Gundershoffen
In der ehemaligen Getreidemühle wohnt man luxuriös und obendrein in idyllischer Lage (▸ S. 37).

 5 Töpferdörfer Soufflenheim und Betschdorf
Hier kann man den Töpfern bei der Arbeit über die Schulter blicken (▸ S. 38).

 6 Auberge du Cheval Blanc, Lembach
In einer Poststation aus dem 18. Jh. kommen Köstlichkeiten auf den Tisch (▸ S. 48).

Distillerie Jean Paul Metté, Ribeauvillé

Die Brennerei ist bekannt für ihre außergewöhnlichen Schnapskreationen (▶ S. 72).

Kochkurs im »Rendez-vous de chasse«, Colmar

Das Grand Hotel Bristol bietet in seinem Restaurant Kochkurse bei der sternegekrönten Michaela Peters (▶ S. 83).

Musée du Vignoble et des Vins d'Alsace, Kientzheim

Auch Kenner lernen im Museum für Weinanbau und Weine noch etwas dazu (▶ S. 86).

Musée de l'Impression sur Étoffe, Mülhausen

Ein Besuch im Stoffdruckmuseum in Mülhausen ist ein sinnliches Erlebnis (▶ S. 91).

Ein perfekter Abschluss eines ereignisreichen Sightseeing-Tags: ein Glas Bier oder ein Schoppen Wein vor der Kulisse des Straßburger Münsterplatzes (▶ S. 53).

Zu Gast **im Elsass**

Nach dem Shoppen bei einem Drei-Sterne-Koch
schlemmen, beim Wandern durch die Weinberge
in der nächsten »Winstub« einkehren – das Elsass
besticht durch eine Fülle an Möglichkeiten.

Übernachten

Wer im schlichten Berggasthof in den Vogesen übernachten möchte, wird ebenso fündig wie der Gast, der eine Familienpension sucht oder gar ein Luxushotel mit Meisterkoch in Colmar.

◄ Das Hotel Cour du Corbeau
(► MERIAN-Tipp, S. 13) vereint altes
Fachwerk mit modernem Interieur.

In den großen Städten und belieb-
ten Urlaubszentren des Elsass ist es
ratsam, Zimmer vorher zu reservie-
ren. So sind in Straßburg während
der Sitzungswochen des Europaparlaments oder anderer Kongresse
häufig alle Kapazitäten ausgeschöpft.
Das Frühstück ist meistens nicht im
Preis inbegriffen und kostet übli-
cherweise zwischen 6 und 13 €. Grö-
ßere Hotels bieten Frühstückbuffets
an, während ein normales Hotel-
frühstück eher bescheiden ist.
An den Randzonen der größeren
Städte hat sich eine Reihe neuer Hotels der unteren Preisklasse angesiedelt, die ähnlich günstige Übernach-
tungsmöglichkeiten wie die absolu-
ten Preisbrecher »Formule 1« anbieten. Diese Hotels sind allerdings
nicht immer in den offiziellen Listen
der Verkehrsämter aufgeführt; die
gesonderte Nachfrage lohnt sich.

Familiär und ruhig

Zu den Sterne-Hotels kommen die
familiären »Logis de France et
Auberges de Vacances«, üblicher-
weise etwas abseits der Hauptreise-
gebiete. Es sind einfach ausgestattete
Häuser mit Restaurants, Kennzei-
chen ist ein Schild mit einem Kamin
im grünen Wappen.
Mit »Gîte de France« werden Ferien-
häuser oder -wohnungen auf dem
Land oder in Kleinstädten bezeichnet, die in Kategorien von einer bis
drei Ähren unterteilt sind.
Rustikale, eher einfache Zimmer bieten die »Fermes-Auberges«. Auf diesen Bauernhöfen kann man die defti-
ge elsässische Küche in ihren ortsty-

MERIAN-Tipp **1**

HOTEL COUR DU CORBEAU
► Klappe hinten, d/e 5

Bereits im 16. Jh. errichtet, war
das Ensemble frisch renovierter
Fachwerkgebäude schon Herberge für Könige und Kaiser. Friedrich der Große, der österreichi-
sche Kaiser Joseph II. und Kaiser
Wilhelm I. zählen zu den illustren
Gästen. Heute muss man tief in
die Tasche greifen, um in den
sorgfältig hergerichteten Räumen
übernachten zu dürfen. Der Hof
mit seinen Balkonen, Balustraden
und der kleinen Fußgängerbrücke
aus dunklem Holz ist hinreißend.
In den geschmackvollen Zimmern
harmoniert das alte Fachwerk mit
dem Interieur aus Stilmöbeln und
eleganter Designer-Dekoration.
Straßburg, 6–8, rue des
Couples • Tel. 03 90 00 26 26 •
www.cour-corbeau.com •
57 Zimmer • €€€€

---

pischen Varianten kennenlernen.
Auskünfte für das südliche Elsass:
Association départementale du
tourisme • 1, rue Schlumberger,
68006 Colmar • Tel. 03 89 20 10 68 •
www.tourisme68.com
Auskünfte für das nördliche Elsass:
Agence de Développement Touris-
tique, 9, rue du Dôme • 67061 Strasbourg • www.tourisme67.com

Empfehlenswerte Hotels und andere Unterkünfte finden Sie bei den Orten im Kapitel
► **Unterwegs im Elsass.**

Preise für ein Doppelzimmer mit Frühstück:

€€€€ ab 130 €	€€ ab 60 €
€€€ ab 90 €	€ bis 60 €

Essen und Trinken
Die elsässische Küche gehört mit zum Besten, was Frankreich zu bieten hat. Typische Spezialitäten sind »Flammekueche«, »foie gras«, »Fleischschnacka« und allerlei Variationen vom Sauerkraut.

◄ Zum Sofortverzehr ebenso wie als süßes, saftiges Mitbringsel geeignet: der »Kougelhopf«.

Das Klischee von der Riesenportion Sauerkraut mit hoch aufgeschichteten Knackwürsten und ungeheuren Fleischmengen stimmt nach wie vor und mag die Kapazität so mancher Schmalspur-Mägen überfordern – doch auch die elsässische Kochkunst hat sich den neuen Bedürfnissen angepasst. Die traditionellen bäuerlichen Gerichte hat man in ihrer Grundsubstanz zwar beibehalten, bringt sie jedoch für den verwöhnten Gaumen in verfeinerter und abgespeckter Version auf den Tisch.

Kreative Küchenkünstler

Zwei der besten französischen Restaurants – nach den Sternen des angesehenen Restaurant-Führers »Guide Michelin« – sind im Elsass zu finden: das **Au Crocodile** (▸ S. 59) mit Chefkoch Emile Jung in Straßburg und die **Auberge de l'Ill** der Familie Haeberlin (▸ S. 71) in Illhaeusern.

Wie in ganz Frankreich beschränkt sich das Frühstück, »petit déjeuner«, auf einen »express« mit einem »croissant« oder »pain au chocolat«. Auch mittags begnügt man sich zum »déjeuner« häufig mit einem Gericht »à la carte« oder mit dem preiswerten »plat du jour«, dem Tagesgericht, das meistens aus Fleisch, Pommes frites und einer Salatbeilage besteht.

Aperitif und Vorspeise

Abends wird es dann gemütlich. Man beginnt mit dem Aperitif: einem »Pastis« (Anisschnaps), einem »Picon« (Bier mit Orangenlikör), einem »Kir« (Weißwein mit einem Schuss Johannisbeerlikör) oder einem »Kir Royal« (Champagner oder »Crémant«, elsässischer Sekt, mit Johannisbeerlikör).

Die Vorspeise, das »hors-d'œuvre«, soll den Geschmackssinn befriedigen und nicht den Magen füllen. Dazu reicht eine »salade frisée aux lardons«, Salat mit gebratenen Speckstücken, oder ein paar »escargots à l'Alsacienne«, in Weißwein und einem Kräutersud gekochte Schnecken mit feiner Knoblauchbutter. Die nobelste Vorspeise ist zweifellos die »foie gras de Strasbourg«, die Gänseleber mit einer schwarzen Trüffelscheibe in der Mitte. Preiswerter und etwas würziger ist die Entenleber. Als Vorspeise oder Hauptgericht machen ihnen die elsässischen »Flammekueche« – hauchdünne Teigscheiben mit Zwie-

MERIAN-Tipp **2**

RESTAURANT À L'ANGE

▸ S. 119, E 6

Das Restaurant À L'Ange, »Der Engel«, liegt in Lipsheim an der sogenannten Sauerkrautstraße, etwa 30 km südlich von Straßburg. Von außen wirkt das Lokal im Hotel Les Alizes unscheinbar, hat jedoch einen bezaubernden Innenhof und serviert köstliche Sauerkrautgerichte in ausgefallenen Variationen. In die friedlichen Dörfer des »Kohlkopfgebietes« wie Blaesheim, Duttlenheim und Schaeffersheim verirrt sich nur selten ein Tourist.

Lipsheim, 30, rue Jeanne d'Arc • Tel. 03 88 64 07 78 • www.restaurantalange.com • €

beln und Speckstücken, die mit Quark und Sahne durchtränkt sind – Konkurrenz. Die Variante »gratinée« wird mit geriebenem Käse überbacken. Auf dem Tisch wird der rechteckige Flammkuchen in vier oder sechs kleine Rechtecke zerschnitten, die mit der Hand eingerollt werden, um sie länger warm zu halten.

Eine Spezialität der Elsässer Küche sind die hauchdünnen Flammkuchen.

Das Hauptgericht nennt man im Elsass gern »plat de résistance«. Es besteht aus einem Stück Fleisch mit Gemüse oder Salatbeilage, zu dem man den passenden Wein wählt. Traditionelles Hauptgericht ist die »Baeckeoffe«, ein Eintopf aus Hammel-, Rind- und Schweinefleisch zwischen vier Schichten Kartoffeln. Das Fleisch wird in Weißwein eingelegt und dann in einem elsässischen Tontopf gebacken. »**Coq au Riesling**« ist ein in Riesling geschmorter Hahn mit frischen Champignons, zu dem man Spätzle isst und einen Riesling trinkt. In Weißweinsauce wird häufig auch das Fischgericht »**matelote au Riesling**« gekocht, das aus Hecht, Aal, Schlei, Barsch oder Forelle besteht. Dass zu jeder Mahlzeit frisches »baguette« gereicht wird, versteht sich von selbst.

Käse schließt den Magen

Um dem Magen das Ende der Mahlzeit zu signalisieren, wird nun der Käse serviert. Im Käseland Frankreich hat das Elsass eine eigene Spezialität zu bieten: den stark riechenden und würzig schmeckenden **Münsterkäse**. Allerdings kann dieser abends schwer im Magen liegen und wird zur besseren Verdauung mit Kümmel gegessen. Als Getränk empfiehlt sich hierzu ein Gewürztraminer.

Zum Dessert bieten die besseren Restaurants kunstvoll dekorierte Eis- und Fruchtkombinationen an, »**glace aux fruits**« oder ein leichteres »**sorbet au Gewürz**«, ein Zitroneneis mit einem Schuss »**Marc de Gewürz**« oder einem anderen Schnaps. Den Abschluss eines solchen reichhaltigen Mahls bildet der »digestif«, ein Cognac oder Schnaps, der der Verdauung dient und durch einen »express« abgelöst wird.

Das Mittagessen wird in Frankreich zwischen 12 und 13.30 Uhr, das Abendessen, »dîner«, zwischen 19 und 22 Uhr serviert. Zwischen diesen Hauptzeiten bieten nur wenige Restaurants warme Gerichte an. Für alle Lokale gelten die französischen Sitten. Es ist nicht üblich, sich selber einen Tisch zu suchen, auch wenn das Restaurant kaum besetzt ist. Bei einer Tischrunde ist es auch nicht üblich, die Rechnung getrennt zu bezahlen. Man zahlt gemeinsam und teilt dann den Betrag untereinander auf.

In der Winstub

Unterschieden wird im Elsass zwischen **Restaurants**, von der einfachen Gaststube bis zur feinsten Luxusklasse, und den traditionellen **Weinstuben**, ursprünglich von den Winzern der Region als Weinausschank eingerichtet. In diesen rustikalen Galasträumen sitzt man häufig an langen Holztischen zusammen. Auch wenn die Speisekarten auf typische Regionalgerichte beschränkt sind, so haben sich viele Weinstuben mittlerweile zu Feinschmeckerlokalen gemausert.

WUSSTEN SIE, DASS …

… das Elsass in Europa zu den größten Anbaugebieten für Weißkohl zählt? Daraus wird Sauerkraut für den Klassiker »Choucroute garnie« gemacht, Sauerkraut mit Würsten, Bauchfleisch und Leberknödeln.

Weine aus dem Elsass haben im In- und Ausland einen sehr guten Ruf. 90 % der elsässischen Weinproduktion bestehen aus trockenen Weißweinen – ohne den geringsten Zuckerrest, der in Deutschland den »halbtrockenen« Weinen den milden Geschmack verleiht. In einigen Dörfern werden auch Rotweine gekeltert, z. B. der »Rouge d'Ottrott«. Die besten Weine aus edlen Rebsorten und ausgesuchten Anbaugebieten tragen die Qualitätsbezeichnung »Appellation d'Alsace contrôlée«. Zur einsamen Spitzenklasse gehören die Weine mit der »Appellation Alsace Grand Cru«, die den Flascheninhalt als ein streng kontrolliertes Produkt aus den besten Lagen ausweist. Diese 1975 eingeführte Bezeichnung ist auf Gewürztraminer, Pinot Gris, Riesling und Muscat beschränkt. Der Hinweis auf dem Etikett »mis en bouteille à la propriété«, Erzeugerabfüllung, ist ebenfalls Maßstab für Qualität und Abgrenzung vom Wein eines Großhändlers, »coopérative«. Die Aufschrift »Vin d'Alsace« bedeutet, dass der Wein im Elsass abgefüllt wurde. Elsässischen Wein trinkt man im Allgemeinen »jung«, das heißt bereits nach zwei bis fünf Jahren Lagerzeit.

Harmonie der Aromen

Wie gut elsässische Weine schmecken, erfährt man am besten in Kombination mit einem wohlschmeckenden Essen. Ein Silvaner mit feiner Fruchtsäure passt beispielsweise sehr gut zu Meeresfrüchten, während der etwas gehaltvollere Riesling auch zu kräftigen Gerichten wie »Choucroute« und »Baeckeoffe« mundet. In dieser weinverliebten Region greift man gerne auch beim Aperitif schon zum Rebensaft, beliebt ist der mild-fruchtige Muscat. Und wenn zum Dessert ein Münsterkäse oder exotische Früchte das Essen abrunden, verleiht ihnen ein Gläschen Gewürztraminer dazu eine ganz besondere Geschmacksnote.

Empfehlenswerte Restaurants finden Sie bei den Orten im Kapitel ▶ **Unterwegs im Elsass.**

Preise für ein dreigängiges Menü ohne Getränke:

€€€€ ab 110 €	€€ ab 35 €
€€€ ab 70 €	€ bis 35 €

grüner
reisen

Wer zu Hause umweltbewusst lebt, möchte dies vielleicht auch im Urlaub tun. Mit unseren Empfehlungen im Kapitel grüner reisen wollen wir Ihnen helfen, Ihre »grünen« Ideale an Ihrem Urlaubsort zu verwirklichen und Menschen zu unterstützen, denen ein verantwortungsvoller Umgang mit der Natur am Herzen liegt.

Land der Vogesen, Winzer und Wanderer

Gleich zwei Naturparks haben sich den Schutz und Erhalt elsässischer Natur- und Kulturschätze auf die Fahnen geschrieben: der Parc naturel des Vosges du Nord und der Parc naturel régional des Ballons des Vosges im Süden, beide ausgezeichnet als Biospärenreservate der UNESCO. Kein Wunder: Die sanfte Landschaft des Elsass schmeichelt den Augen. Auf roten Sandsteinfelsen verwittern die Burgmauern, Weinstöcke gliedern in geraden Reihen die Hänge. Weitet sich der Blick auf die Ebenen, sieht man Weiden und wilde Kirschbäume den Lauf der Bäche säumen. Wer Wert auf ökologische Aspekte beim Reisen legt, ist im Elsass gut aufgehoben, denn die Region ist in vieler Hinsicht voll erschlossen. Es gibt ausgewiesene Wanderwege, entlegene Bauerngasthöfe, sogenannte Ferme-Auberge, und Hotels, die anmuten, als ob sie sich geradezu in die Landschaft schmiegten. Die Winzer holen das Beste aus dem Boden heraus. Und eine Reihe von Restaurants hat sich auf die Verwendung regionaler, zum Teil auch biologisch angebauter Produkte spezialisiert. Es gibt also viele Arten, auf umweltbewusste Weise an diesem Reichtum teilzuhaben.

ÜBERNACHTEN
Bio & Spa Hotel La Clairière

▶ S. 116, B 3

Hier lässt es sich entspannen! Das Hotel im nordelsässischen La Petite Pierre hat die Auszeichnung 1er Bio-Hotel de France erhalten und verfügt über ein Spa von 950 qm! Bei der Hotelausstattung wurde Wert auf die Verwendung natürlicher Materialien gelegt; auch im Spa kommt nur Bio-Kosmetika zur Anwendung. Der Wellness-Bereich umfasst Whirlpool, Tepidarium, Sauna, Lichtsauna mit Farbeffekten und ein Ayurveda-Zentrum. Die Zimmer (fünf Komfort-Standards) sind mit viel natürlichem Holz möbliert, klare Linien und harmonisch aufeinander abgestimmte Farben sorgen für ein Wohlfühl-Klima. Man will sich an den individuellen Wünschen der Gäste orientieren. Die Bar hingegen präsentiert sich im Stil eines altenglischen Clubs. Im Restaurant des Hauses wird die elsässische Küchentradition neu interpretiert. Sein Flair ist heiter-elegant. Die Gerichte aus regionalen Produkten, möglichst biologisch angebaut, werden »à la haute cuisine« angerichtet: Sie kommen als kleine Kunstwerke auf den Tisch. Und in der landschaftlich reizvollen Umgebung lassen sich Schlösser, Burgen und Wanderwege erkunden.

La Petite Pierre, 63, route d'Ingwiller • Tel. 03 88 71 75 00 • www.la-clairiere.com • 50 Zimmer • €€€€

ÜBERNACHTEN/ ESSEN UND TRINKEN
Ferme-Auberge La Charriole ❦❦

▶ S. 118, A 7

Die Lage im lothringischen Teil der Vogesen ist einmalig. Wer möchte, wandert zu diesem Berggasthof, denn der Fernwanderweg GR 533 führt nahezu an der Haustür vorbei. In dem vom Wald umschlossenen Haus übernachtet man in gemütlichen, holzmöblierten Zimmern und kann vor allem herrlich schlemmen: Die typischen Vogesengerichte kommen in erstklassiger Qualität und üppigen Portionen daher. Der Haus-Apéritif basiert auf einem aromatischen Waldfrüchtelikör, den der Hausherr selbst ansetzt. Der »Coq en pâte«, Hähnchen mit Crème fraîche und Estragon, schmeckt himmlisch; nach der Käseauswahl aus der Region wird das Dessert serviert, etwa ein traumhaftes Soufflé mit Mirabellensorbet ... Hühner, Enten und Hasen sowie Gemüse und Obst stammen aus eigener Aufzucht.

Taintrux, 225, chemin de la Haute-Fosse • Tel. 03 29 50 07 32 • www.ferme-auberge-charriole.com • 6 Zimmer • €

ESSEN UND TRINKEN
L'Atelier du Gout

▶ Klappe hinten, d 5

Das »Atelier des Geschmacks« hat sich zum Ziel gesetzt, eine Pause im Rhythmus des Alltags seiner Gäste zu schaffen. Das Straßburger Restaurant mit dem coolen Ambiente setzt bei seiner Einrichtung auf modernes, witziges Design, bei seinen Speisen auf biologische Produkte. Die Karte orientiert sich an der Jahreszeit. Gerichte wie Milchferkel mit neuen Kartoffeln oder Wildlachs in Petersilienkruste mit Fenchel werden herrlich dekoriert auch auf der Terrasse serviert. Die Desserts sind so köstliche Kreationen wie beispielsweise Baskischer Kuchen mit zart gedünsteten Kirschen und Kirscheis. In der hauseigenen Geschenke-Boutique kann man sich mit Spezialitäten des Restaurants für zu Hause eindecken, etwa mit Fischsup-

pe, »Cassolette« oder leckeren Konfitüren. Außerdem werden im Atelier du Gout auch Weine verkauft.
Straßburg, 17, rue des Tonneliers • Tel. 03 88 21 01 01 • www.atelier-du-gout.fr • €€

EINKAUFEN
Le Clos St Landelin

Von Hand gelesene Trauben und ohne Zusatz von Hefe gekeltert – die Weine von Le Clos St Landelin stammen aus rein biologischem Anbau und werden so schonend wie möglich behandelt. Die Trauben gedeihen auf einem Boden, auf dessen biologische Aktivität Winzer René Muré in Rouffach, südlich von Colmar, großen Wert legt. Die Auswahl ist umfassend, es stehen u. a. Riesling, Pinot gris, Gewürztraminer, Muscat, Crémant d'Alsace bereit. Auch die Weinbrände, Eaux de Vie de Marc, haben eine besondere Note: Der Marc aus Pinot Noir ist aufgrund seiner Lagerung im Holzfass leicht holzig, der Marc de Gewürztraminer natürlich würzig. Die Bioweine von René Muré können Sie in Rouffach direkt vom Winzer erwerben oder auch in Colmar, wo die Weine in der Maison Pfister geführt werden.
– Rouffach, Le Clos St Landelin • Route Nationale 83 • Tel. 03 89 78 58 00 • www.mure.com • Mo–Fr 8–18.30, Sa 9–13 und 14–18 Uhr ▸ S. 120, C 9
– Colmar, Maison Pfister • 11, rue des Marchands • Tel. 03 89 41 33 61 ▸ S. 77, b 2

Le Domaine Durrmann
▸ S. 119, D 6

In Andlau baut André Durrmann schon seit vielen Jahren Wein, Obst und Nüsse ökologisch an. Im Wingert wachsen Nussbäume, die Vögel darin fressen ringsum die Insekten. Unter den Obstbäumen weiden Schafe und bereiten den Boden mit ihrem Dung auf. Der Einsatz von Pestiziden entfällt. Wenn Sie den kleinen Pfad im Weinberg der Durrmanns hinaufgehen, blicken Sie über das Dorf Andlau.
Die Elsässerweine wie Riesling Pinot Blanc und Muscat, aber auch Crémant d'Alsace und Obstbrände, tragen das Ökolabel »Ecocert« und werden ohne chemische Zusätze hergestellt. Der Apfelschnaps ist sehr aromatisch, weil die Äpfel am Baum gereift sind.
Bei André Durrmann kann man die elsässischen Weine probieren und natürlich auch kaufen, zurzeit liegen trockene Weine im Trend, aber er führt auch mildere Weine mit mehr Restsüße. Außer alkoholischen Genüssen kann man hier auch Obst und Nüsse kaufen.
Andlau, 11, rue Forgerons • Tel. 03 88 08 26 42 • www.durrmann. objectis.net

FESTE UND EVENTS
Marathon du Vignoble d'Alsace
▸ S. 119, D 5

Eine originelle Gelegenheit für Sportler, eine Weinregion des Elsass per pedes zu erleben, ist dieser Marathon. Durch die Weinberge bei Molsheim, Ergersheim, Marlenheim, Soultz-les-Bains führt die Marathon-Strecke des Marathon du Vignoble d'Alsace, der im Juni von Molsheim startet. Die Teilnehmer haben die Wahl zwischen der vollen Strecke, einem Halbmarathon oder einem Parcours von 10 km Länge. Es gibt auch eine Strecke für Kinder. Der Marathon ist ein lokales Ereignis, bei dem auch die elsässische Küche nicht zu kurz kommt, denn auf den Streckenabschnitten werden die regionalen Weine mit typischen Speisen

Die Annehmlichkeiten des prämierten Spa sorgen dafür, dass man sich im Bio & Spa Hotel La Clairière (▶ S. 19) in La Petite Pierre das ganze Jahr über wohlfühlt.

angeboten. Bei Sylvaner und Flammkuchen oder Pinot blanc und »Kougelhopf« kehren die Kräfte schnell zurück. Informationen über die Anmeldung, das Programm und alles Weitere finden sich auf der Webseite des Veranstalters.

Juni • Molsheim • www.marathon-alsace.com

AKTIVITÄTEN
Île Rhinau / Die Rhinau-Insel
▶ S. 119, E 6/7

Das elsässische Ried ist eine von regelmäßigen Überschwemmungen geprägte Landschaft und mit der Insel bei Rhinau relativ unberührt. Das Ried liegt nordöstlich von Sélestat zwischen Ill und Rhein. Ein ausgeschilderter Weg führt über die seit vierzig Jahren unberührte, künstlich geschaffene Insel bei dem kleinen Ort Rhinau

und vermittelt ungewöhnliche Natureindrücke.

Der Wald beeindruckt durch seine stark spezialisierte Artenvielfalt und wird gerne als elsässischer Dschungel bezeichnet. Auf der Île de Rhinau drängen sich Weiden, Pappeln, Ulmen und wilde Apfelbäume aneinander. Lange Lianen von Clematis hängen malerisch herab, Heckenrosen blühen an großen Büschen.

Das Gebiet darf allerdings nur in beschränktem Maß besucht werden. Wer an einer geführten Tour teilnehmen will, muss sich beim Conservatoire des Sites Alsaciens anmelden:

Conservatoire des Sites Alsaciens

Offendorf, 1, rue des Ecoles • Tel. 03 88 59 77 00 • http://csa. cren.free.fr

Einkaufen

Die Auswahl an Mitbringseln für die Daheimgebliebenen ist groß. Sie reicht von Töpferwaren über Bauernmöbel, Guglhupfformen und »Baeckeoffe«-Töpfe bis hin zu allerfeinsten Tropfen »geistiger« Art.

◄ Begehrtes Mitbringsel: ein »eau-de-vie« der Distillerie Jean Paul Metté (► MERIAN-Tipp, S. 72).

Echte regionale Souvenirs sind Holzgemälde mit Landschaften und charakteristischen Dorfansichten, die »**marqueterie**«, die in Kleinarbeit aus verschiedenen Holzarten zusammengesetzt werden. Keramiken aus den Töpferdörfern Betschdorf und Soufflenheim haben eine über 150-jährige Tradition und sind an den charakteristischen Farben Blau, Braun oder Gelb zu erkennen. Auch modernes Kunsthandwerk wird im Elsass gepflegt: Beim Streifzug durch Städte und Dörfer entdeckt man kleine Läden, die originelle Keramiken, kunstvolles Mobiliar, Spielzeug oder Schmuck aus eigener Herstellung anbieten.

Weine vom Winzer

Die Fahrt durch das Elsass ist die beste Gelegenheit, den Vorrat des heimischen Weinkellers aufzustocken. In jedem Weindorf bieten Winzer ihre Produkte im Direktverkauf an. Der Silvaner aus der Region um Mittelbergheim gilt als besonderer Tropfen, der Pinot noir aus Turckheim und der Klevner von Heiligenstein genießen einen sehr guten Ruf. Die trockene und warme Gegend um Colmar wirkt sich besonders vorteilhaft auf Gewürztraminer, Muscat oder Pinot gris aus, während im Unterelsass die Region um Barr als beste Gegend für den Riesling gilt. Die Oberklasse elsässischer Weine, die mit dem Zusatz »Grand Cru« ausgezeichnet wird, gibt es beispielsweise aus den Lagen »Sporen« in Riquewihr, »Rangen« in Thann oder »Kanzlerberg« in Bergheim. Drei bekannte »Grand Crus« kommen aus Altenberg, Bergbieten, Bergheim und Wolxheim.

Die elsässischen Obstschnäpse, die »**eaux-de-vie**«, mit den Geschmacksrichtungen Kirsch, Mirabelle, Birne oder Himbeere, finden sich in vielen Weinhandlungen.

Käse aus dem Munstertal

Die elsässische Käsespezialität, den rötlich-runden **Münsterkäse**, gibt es auf den Bauernhöfen oberhalb von Münster oder Orbey.

Die Einzelhandelsgeschäfte sind werktags von 9 bis 12 und 14.30 bis 18 oder 19 Uhr geöffnet, Einkaufszentren und Supermärkte meistens von 9 bis 19 oder 20, samstags bis 18 Uhr. Montagvormittags haben viele Geschäfte geschlossen.

Empfehlenswerte Geschäfte und Märkte finden Sie bei den Orten im Kapitel ► Unterwegs im Elsass.

MERIAN-Tipp

ALTE BAUERNMÖBEL

In den zahlreichen Antiquitätengeschäften der Region findet man Bauernmöbel, Schränke, Truhen oder Kommoden, wobei die wirklich schönen und wertvollen Stücke durch ihre Schlichtheit bestechen. Antiquitäten werden auch auf diversen Flohmärkten angeboten, die in großen und kleinen Ortschaften häufig an Sommerwochenenden stattfinden. Wichtig ist jedoch, auf Qualität und Verarbeitung zu achten, denn die Preise sind teilweise recht hoch.

Feste und Events
Ein voller Veranstaltungs-
kalender zeugt von Feierlaune. Auf historische Umzüge folgen
Musikfestivals und Weinmessen. In Ribeauvillé widmet sich
ein Fest gar einer süßen Versuchung: dem »Kougelhopf«.

◀ Zur Streisselhochzeit (▶ S. 25) im nord-elsässischen Seebach wird alljährlich im Juli die Tracht aus dem Schrank geholt.

JUNI
Fête du Kougelhopf, Ribeauvillé

Farbenprächtiger Umzug, bei dem ein riesiger »Kougelhopf« durch die Stadt getragen wird.
2. So im Juni • Comité des fêtes • Tel. 03 89 73 20 04 • www.ribeauville-riquewihr.com

Festival de Musique, Straßburg

Das »Festival de Musique« bietet bis in den Juli hinein mehrere Wochen lang klassische Konzerte mit hochkarätigen Orchestern und Solisten aus aller Welt. Nach einem Fackelzug werden drei Tannen vor dem Münster verbrannt. Den Abschluss bildet ein großes Feuerwek.
Juni/Juli • Karten: Tel. 03 88 32 43 10 • www.festival-strasbourg.com

Tannenfeuer, Thann

Volksfest, das zur Erinnerung an eine Legende um Bischof Theobaldus zelebriert wird, der im 12. Jh. lebte. An der Stelle der ersten Wallfahrtskirche ragt heute das herrliche Münster von Thann in die Höhe.
30. Juni • Tel. 03 89 37 96 20 • www.ot-thann.fr

JULI
Festival International, Colmar

Das »Festival International de Colmar« steht unter der Leitung von Wladimir Spivakov und bietet ausgewählte Klassik ebenso wie Werke des modernen Repertoires. Ein besonderer Genuss sind die Konzerte in der Kirche St-Matthieu.
Anfang Juli • Karten: Tel. 03 89 20 68 97 • www.festival-colmar.com

Streisselhochzeit, Seebach

In bester elsässischer Tradition wird eine »echte« Hochzeit in Kostümen aus Omas Kleidertruhe gefeiert.
So nach dem 14. Juli • Tel. 03 88 94 70 94 • www.uas.fr

AUGUST
Foire Aux Vin d'Alsace, Colmar

Mit 500 Weinsorten ist sie die größte Weinmesse der Region. Dazu gibt es Folklore- und Popveranstaltungen und Theater.
Mitte August • Tel. 03 90 50 50 50 • www.foire-colmar.com

Mariage de l'Ami Fritz, Marlenheim

Im Mittelpunkt der Festlichkeiten steht die historische Romangestalt eines verknöcherten Junggesellen, den es doch noch erwischt hat. Zahlreiche Folkloregruppen feiern mit (▶ S. 65).
14./15. August • www.mariage-ami-fritz.fr

SEPTEMBER
Pfifferdaj, Ribeauvillé

Festtag der Spielleute mit großem Umzug und Folklorevorstellungen. Den farbenprächtigen Zug begleiten Fanfarencorps, Jongleure und Feuerschlucker. Der Festzug endet am Dorfbrunnen auf dem Rathausplatz.
1. So im September • Tel. 03 89 73 20 04 • www.ribeauville-riquewihr.com

DEZEMBER
Marché de Noël, Straßburg

Weihnachtsmarkt mit romantisch-nostalgischem Flair.
Im Advent • Pl. Broglie und Pl. de la Cathédrale • Office de Tourisme • Tel. 03 88 52 28 28 • www.ot-strasbourg.fr

Sport

Radfahrer und Wanderer können in der hügeligen Landschaft ihre Waden trainieren. Wer ein Handicap sucht, findet es beim Golf. Und Hobby-Anglern winkt das Glück bestimmt in einem der vielen Flüsse, Bäche oder Seen.

◄ Bei einer Radtour durch das Elsass lässt sich Sportivität bequem mit Sightseeing verbinden.

ANGELN

Für das Angeln ist eine Erlaubnis der Angelvereine nötig, die regionalen Vorschriften sind zu beachten. Die Adressen der Angelvereine erhalten Sie für das Département Bas-Rhin unter Tel. 03 88 10 52 20 (Fédération du Bas-Rhin pour la Pêche), für das Département Haut-Rhin unter Tel. 03 89 60 64 74 (Fédération du Haut-Rhin pour la Pêche).

GOLF

Um auf den Golfplätzen der Region zu spielen, muss man Mitglied eines Golfclubs sein, das Mindesthandicap von 35 haben und sich vorher anmelden.

UNTERELSASS
Golf Club Le Kempferhof
▶ S. 119, E 6

Plobsheim, 351, rue du Moulin •
Tel. 03 88 98 72 72 •
www.golf-kempferhof.com

Golf International Soufflenheim – Baden-Baden   ▶ S. 117, E 3

Soufflenheim, Allée du Golf •
Tel. 03 88 05 77 00 •
www.golfclub-soufflenheim.com

OBERELSASS
Golfplatz Ammerschwihr-Trois Epis   ▶ S. 118, C 8

Ammerschwihr, Route des Trois-Epis •
Tel. 03 89 47 17 30 • www.golf-ammerschwihr.com

Golf du Rhin   ▶ S. 121, D 10

Chalampé • Tel. 03 89 83 28 32 •
www.golf-rhin.com

HAUSBOOT FAHREN

Man kann den gesamten Elsass-Urlaub auf das Wasser verlegen und sich ein Hausboot mieten, mit dem man auf dem Rhein, der Ill und dem 300 km langen Kanalnetz schippert. Ein Führerschein ist nicht erforderlich. Mit einem Hausboot auf dem Rhein-Marne-Kanal zu fahren ist ein besonderes Vergnügen. Reservierung:

Nicols

Kehl, Auenheimer Str. 26a •
Tel. 0 78 51/8 85 19 80 •
www.nicols.com

RADWANDERN

Für Radwanderungen ist das Elsass bestens geeignet. Felder, Dörfer und bewaldete Hügel bieten eine abwechslungsreiche Szenerie. Auf den Landstraßen gilt es, unübersichtliche Strecken (Kurven, Anhöhen) vorsichtig zu befahren. Außerhalb von Ortschaften ist eine Warnweste zu tragen, sonst droht eine Geldbuße.

WANDERN

Das Elsass ist ein bevorzugtes Gebiet für Wanderer im Sommer und Skilangläufer im Winter. Das dichte Netz von Wanderwegen umfasst rund 15 000 km. Doch die Markierungen sind nicht immer einfach zu finden. Dem Ortsunkundigen leisten deshalb gute Wanderkarten wertvolle Hilfe; alternativ hierzu kann man sich aber auch den Wanderungen des Vogesenclubs (Club Vosgien: www.club-vosgien.com) anschließen. Im Winter führen unzählige Loipen die Langläufer durch eine teilweise unberührte Schneelandschaft, etwa auf dem **Champ du Feu**, am **Col de la Schlucht**, am **Markstein** oder am **Ballon d'Alsace**.

Familientipps In Geipolsheim in Schokolade schwelgen, in Huhnawihr den Störchen beim Klap-
pern zugucken oder in der Schlossruine bei Kintzheim den
Sturzflug der Adler verfolgen? Kurzweile ist garantiert!

◄ Landwirtschaft wie anno dazumal wird im Ecomusée d'Alsace (► S. 93) in Ungersheim demonstriert.

Centre des Cigognes (Storchenzentrum) ► S. 118, C 7

Im Storchenzentrum in Hunawihr, 18 km südwestlich von Sélestat, leben in einem 5 ha großen Park über 150 Störche. Sie werden hier mit großem Erfolg gezüchtet. Der Park beherbergt außerdem ein großes Aquarium, wo Fischotter und Pinguine ihre Geschicklichkeit im Fischfang vor Publikum vorführen. Hunawihr, Route de Ribeauvillé • Tel. 03 89 73 72 62 • www.cigogne-loutre.com • April tgl. 10–12.30 und 14–17.30, Mai, Sept. 10–12.30 und 14–18, Juni 10–18, Juli 10–18.30, Aug. 10–19, Okt. 10–12.30 und 14–17 Uhr • Eintritt 8,50 €, Kinder 5,50 €

Ecomusée d'Alsace
► S. 93

Kintzheim-Volerie des Aigles (Adlergehege) ► S. 119, D 7

Auf der Schlossruine oberhalb des Dorfes Kintzheim fliegen Königsadler, Andenkondore und Geier bei klarem Wetter und Hochthermik in einem atemberaubenden Spektakel über die Köpfe der Leute hinweg. In freiem Flug drehen die Vögel mit bis zu 2 m Flügelspannweite ihre Runden am Himmel, um auf Lockruf im Sturzflug zurückzukehren. Château de Kintzheim • Tel. 03 88 92 84 33 • www.voleriedes aigles.com • Eintritt 9 €, Kinder 6 €

Montagne des Singes (Affenberg) ► S. 119, D 7

Nur wenige Kilometer vom Adlergehege und der Hohkönigsburg ent-fernt leben auf dem Affenberg etwa 300 marokkanische Berberaffen in einem 20 ha großen Waldgebiet. Kintzheim • Tel. 03 88 92 11 09 • www.montagnedessinges.com • März, April, Okt., Nov. tgl. 10–12, 13–17, Mai, Juni, Sept. tgl. 10–12, 13–18, Juli, Aug. tgl. 10–18 Uhr • Eintritt 8 €, Kinder 5 €

Musée animé du Jouet (Spielzeugmuseum) ► S. 77, c 2

Ein Erlebnis für Jung und Alt: Modelleisenbahnen dampfen über 100 m lange Gleise, und Kriegsschiffe schaukeln auf künstlichen Wellen. Die Kutsche von Aschenbrödel kann bestaunt werden, und die Puppensammlung begeistert Jungen wie Mädchen. Colmar, 40, rue Vauban (in der Fußgängerzone) • Tel. 03 89 41 93 10 • www.museejouet.com • Juli, Aug. tgl. 10–19, Sept.–Juni 10–12, 14–18 Uhr, Di geschl. • Eintritt 4,50 €, Kinder 3,50 €

Les secrets du chocolat (Schokoladenmuseum)
► S. 119, E 6

Ein Film in deutscher Sprache zeigt zunächst die Herstellung von Schokolade. Natürlich kann man auch einem Chocolatier dabei zuschauen, wie er köstliche Werke schafft, und obendrein seine eigenen Schokolade-Kreationen herstellen. Geipolsheim, Rue du Pont du Péage • Tel. 03 88 55 04 90 • www.musee-du-chocolat.com • Di–Sa 9–19, So 14–19 Uhr • Eintritt 8 €, Kinder 6 €

👪 Weitere Familientipps sind durch dieses Symbol gekennzeichnet.

Colmar (▶ S. 75) präsentiert sich als
städtebauliches Kleinod. Besonders malerisch ist das Stadtviertel »Petite Venise«.

Unterwegs **im Elsass**

Urige Dörfer mit jahrhundertealten Fachwerkhäusern,
Naturparks in den Vogesen, charmante Städte, reich
an Kunst- und kulinarischen Schätzen … Eine Reise ins
Elsass hat viele Facetten.

Nördliche Vogesen
Naturparks wie der Haguenauer Forst laden zum genüsslichen Wandern ein. Doch auch malerische Städtchen wie Bouxwiller, Marmoutier und La Petite Pierre warten darauf, entdeckt zu werden.

◄ Der Aufstieg zur Ruine des Château du Haut-Barr (► S. 44) südwestlich von Saverne lohnt vor allem bei klarer Sicht.

Die Hügel der nördlichen Vogesen eignen sich mit ihrem Parc Naturel des Vosges du Nord ideal für den Familienurlaub und Wandertouren. Das Mittelgebirge ist von Buntsandstein bedeckt, höchste Erhebung ist mit 1009 m der Donon. Jahrtausendelange Erosion formte die roten Felsen, die aus den Wäldern hervorragen: im Mittelalter passende Bauplätze für die Burgen, deren Ruinen heute romantische Attraktionen sind. Von den Städtchen der Region, Haguenau, Saverne und Wissembourg, hat jedes seinen eigenen Charme.

Nördliche Vogesen

Straßburg und Umgebung

Mittlere Vogesen

Südliche Vogesen

Haguenau   ► S. 117, D 3

36 000 Einwohner
Stadtplan ► S. 35

Die Hauptstadt des Nord-Elsass liegt etwa 30 km nördlich von Straßburg an der Moder. Der Bummel durch die Fußgängerzone mit ihren netten Cafés und zahlreichen Geschäften ist umso reizvoller, als die üblichen touristischen Erscheinungen fehlen.

Im Mittelalter war Haguenau als fürstliches Ausflugsziel beliebt. Das alte Hagenowe war einst Jagdschloss des Herzogs Friedrich von Schwaben. Sein Sohn, Friedrich Barbarossa, gab 1164 der Stadt eine Verfassung und machte aus dem Jagdschloss eine Kaiserpfalz, eine Luxusresidenz für sich und sein Hofgefolge. Leider ist von der vergangenen Pracht kaum etwas übrig geblieben: Die Truppen des Sonnenkönigs Ludwig XIV. haben die Stadt im Jahre 1677 gründlich zerstört, und im Zweiten Weltkrieg erlitt die historische Bausubstanz schwere Schäden. Die Gebäude im Zentrum, die sowohl Brandstiftung als auch Krieg bis heute heil überstanden haben, stammen hauptsächlich aus der Zeit nach 1715.

SEHENSWERTES

Église St-Georges   ► S. 35, b 3

Erbaut wurde diese romanische Kirche zwischen dem 12. und dem 17. Jh. Vom Ursprungsbau sind nur zwei Türmchen auf beiden Seiten des Glockenturms erhalten geblieben. Das Kirchenschiff ist ein »Neubau« aus dem Jahre 1228 nach dem Modell des baden-württembergischen Klosters Hirsau. Links im Chor fällt das 11 m hohe und fein gearbeitete Sakramentshäuschen auf, das Friedrich Hammer 1523 schuf. Die restaurierte steinerne Kanzel wurde um 1500 von Veit Wagner geschaffen.
Rue St-Georges

Église St-Nicolas   ► S. 35, b 1

Die St-Nicolas-Kirche wurde im 14. Jh. an der Stelle einer von Friedrich Barbarossa 1189 gestifteten Kapelle erbaut. Bemerkenswert ist im

Innern rechts vom Eingang ein Heiliges Grab aus Sandstein, das gegen 1380 geschaffen wurde. Die sehr schönen Schnitzarbeiten aus dem 19. Jh. stammen aus dem zerstörten Kloster Neuburg. Dazu gehören die Kanzel, das Orgelhaus und die Statuen der Kirchenväter Augustinus, Ambrosius, Gregorius und Hieronymus.

206, Grand'Rue/Rue St-Nicolas

Théâtre Municipal ► S. 35, b 3

Das Stadttheater aus Backsteinen und rotem Sandstein wurde 1846 von Charles Morin erbaut. Hinter der Fassade verbirgt sich die erste in der Stadt errichtete Metallstruktur.

Rue Georges Clémenceau/
Pl. du Maire Guntz

S. 35, b 3

MUSEEN

Musée Alsacien ► S. 35, b 2

Das Heimatmuseum befindet sich zusammen mit einer Zweigstelle des Office de Tourisme im Gebäude der ehemaligen Stadtkanzlei aus dem 15. Jh.

1, pl. Joseph Thierry • Tel. 03 88 73 30 41 • Mo–Fr 9–12 und 13.30–17.30, Sa und So 14–17 Uhr • Eintritt 2,40 €, Kinder 1,20 €

WUSSTEN SIE, DASS …

… eine Glasmalerei im Historischen Museum zeigt, wie der Stauferkaiser Heinrich VI. in der Kaiserpfalz 1193 über den englischen König Richard Löwenherz Gericht hielt?

Musée Historique ► S. 35, b 3

Das historische Museum wurde 1905 erbaut und umfasst eine reiche Sammlung aus der Bronze- und Eisenzeit, die bis 7000 v. Chr. zurückreicht. Hinzu kommen eine gallo-römische Sammlung und mittelalterliche Zeugnisse.

9, rue Maréchal Foch • Tel. 03 88 93 79 22 • Mo 14–18, Di–Fr 10–12 und 14–18, Sa, So 15–17.30 Uhr, Di geschl. • Eintritt 3,50 €, Kinder 1,60 €

SPAZIERGANG

Stadtplan ► S. 35

Ausgangspunkt ist das Office de Tourisme am Bahnhofsvorplatz. Man überquert den Boulevard Nessel und geht am Hotel Champ' Alsace Centre vorbei die Rue St-Georges entlang. Nach wenigen Minuten sieht man links die **Fontaine aux Abeilles**, den Bienen-Brunnen aus dem 18. Jh. Daneben steht das Pfarrhaus der St. Georgskirche, ebenfalls aus dem 18. Jh. Die romanische **Église St-Georges** gleich daneben entstand um 1200. Bald darauf trifft man auf die Grand' Rue, die sich, teils als Fußgängerzone, teils als Fahrstraße, durch das gesamte Zentrum zieht. Man gelangt zur **Place d'Armes** mit ihren Geschäften und Restaurants. Nach rechts geht es weiter durch die Rue Clémenceau, die zum **Théâtre Municipal**, zum Stadttheater, führt. Hier biegt man nach links in die Rue du Maréchal Foch, an der das **Musée Historique**, das historische Museum, liegt.

Folgt man nach links der Rue du Sel, kommt man zum ältesten Wohnhaus der Stadt, dem **Hotel Fleckenstein**. Das Treppentürmchen dieses Giebelhauses stammt aus dem Jahr 1544. Durch eine kleine Passage geht es nach rechts zum Quai des Pêcheurs, der zu einem Turm über das

Flüsschen Moder führt. Die **Tour des Pêcheurs**, der Fischerturm, ist ein Überrest der Stadtmauer aus dem Jahr 1230. Jenseits der Brücke liegt das Wasserparadies **Nautiland**. Jetzt geht es zurück und anschließend nach rechts zur Grand'Rue, wo man an der Rue du Houblon die **Halle aux Houblons**, die Hopfenhalle, sieht. Das Gebäude aus dem 19. Jh. wird heute als Markthalle genutzt. Am Ende der Grand'Rue kommt man zur **Église St-Nicolas**, einer gotischen Kirche aus dem 14. Jh., die einige schöne Kunstwerke enthält. Ganz in der Nähe liegt die **Porte de Wissembourg**, die im Jahr 1300 einen Teil der Stadtmauer bildete. Die Rue de la Mare aux Canards führt an einem Bauernhaus im Fachwerkstil aus dem 18. Jh. vorbei. Am **Marché aux Bestiaux** geht es nach links, vorbei an einem weiteren Turm der Stadtmauer, der **Tour de Chevaliers**. An der sich anschließenden Place Charles de Gaulle liegt das **Hôtel de Ville**, das Rathaus. Die Rue des Chevaliers führt geradeaus zur Place Barberousse und weiter in die Rue du Château, die in die Fußgängerzone um die Place d'Armes mündet. Hier schließt sich nach links, jenseits der Rue du Général Gérard, die Place Joseph-Thierry an, wo in der knallrot getünchten Stadtkanzlei aus dem Jahre 1486 eine Touristeninformation und das **Musée Alsacien** untergebracht sind. Über die Place d'Armes geht es die Grand'Rue und die Rue St-Georges

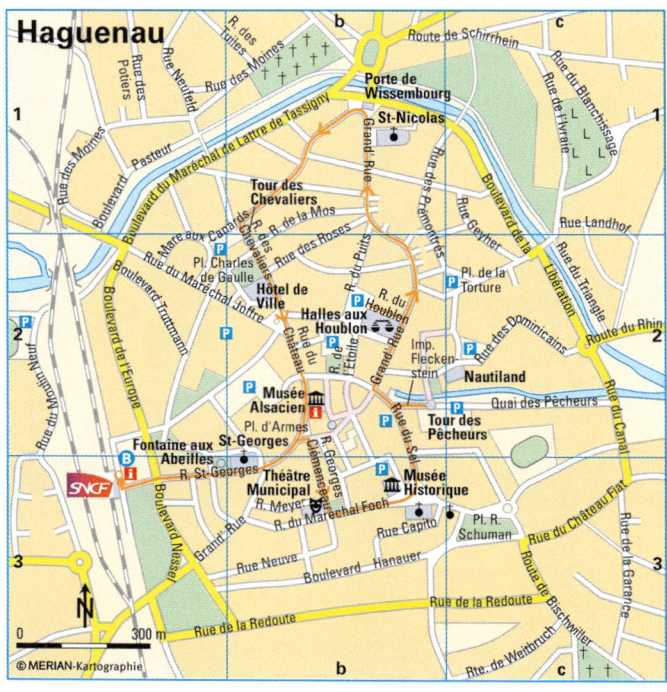

entlang zurück bis zum Office de Tourisme am Bahnhofsvorplatz. Dauer: ca. 1,5 Std.

ÜBERNACHTEN

Europe Hotel ► S. 35, südwestl. a 3

Ruhige Lage • Modernes Haus mit viel Komfort und aparten Gästezimmern. Große Sommerterrasse mit Restaurant am Pool; sehr ruhig, südwestlich vom Stadtzentrum gelegen. 15, av. du Professeur Leriche • Tel. 03 88 93 58 11 • www.europe hotel-haguenau.fr • 71 Zimmer • €€

Champ'Alsace Centre ► S. 35, a 3

Zentral und funktional • Im Zentrum gelegenes Hotel. Die Zimmer sind einfach eingerichtet, jedoch alle mit Doppelglasscheiben lärmgeschützt. Im Restaurant gibt es traditionelle elsässische Küche. 1, rue St-George • Tel. 03 88 93 30 13 • www.champ-alsace.com • 40 Zimmer • ♿ • €

Les Pins ► S. 35, südwestl. a 3

Angemessene Preise • Am Ortseingang gelegenes, im Motel-Stil gebautes Hotel. Die zweckmäßig eingerichteten Zimmer liegen von der Hauptstraße etwas zurückgesetzt. 112, route de Strasbourg • Tel. 03 88 93 68 40 • www.hotel restaurantlespinshaguenau.com • 23 Zimmer • ♿ • €

ESSEN UND TRINKEN

La Cuisine des Saveurs
► S. 35, b 2

Kleines Feinschmeckerlokal • Nettes Restaurant, das sich in einer Seitengasse versteckt. Serviert werden ausgewählte Fisch- und Fleischgerichte. 2, rue de l'Etoile • Tel. 03 88 93 06 61 • So abend und Mo geschl. • €€

Le Jardin ► S. 35, b 3

Ausgesuchte Karte • Etwas abgelegen, doch die Speisekarte bietet viele Gerichte von sehr guter Qualität.

Um die Kirche St-Nicolas (► S. 33) in Haguenau im 14. Jh. zu errichten, musste eine 1189 von Kaiser Friedrich Barbarossa gestiftete Kapelle weichen.

16, rue de la Redoute • Tel. 03 88
93 29 39 • Di und Mi geschl. • €€

Le Tigre ► S. 35, b 2

Beliebter Treffpunkt • Der Gastraum ist ganz im Brasserie-Stil eingerichtet, auf den Tisch des Hauses
kommen empfehlenswerte Fisch-
und Fleischgerichte.
4, pl. d'Armes • Tel. 03 88 93 76 82 •
www.letigre.fr • tgl. 8–22 Uhr • €

Winstub La Cigogne Gourmande
► S. 35, b 3

Nach dem Theaterbesuch • Schöne
Lage neben dem Theater, daher nach
den Vorstellungen immer gut besucht. Elsässische Bauernstube mit
deftiger Kost.
13, rue Meyer • Tel. 03 88 93 30 90 •
http://valleb.free.fr/sbuerehiesel •
So, Mo geschl. • €

EINKAUFEN

Broderie Alsacienne ► S. 35, b 2

Elsässische Souvenirs als Mitbringsel, bestickte Decken und feine Spit-
zenarbeiten.
105, Grand'Rue

D'Finschmeker ► S. 35, b 1

Köstliche elsässische Wurst- und
Fleischwaren, gefüllte Teigtaschen
und Pasteten.
139, Grand'Rue

Heitz ► S. 35, b 2

In der Pâtisserie werden leckere Kuchen und Törtchen verkauft. Witzig:
kleine Guglhupfkuchen.
62, Grand'Rue

Ury ► S. 35, b 2

Reisetaschen, Koffer und Etuis in guter Qualität und Verarbeitung.
72, Grand'Rue

MERIAN-Tipp **4**

HOTEL LE MOULIN ► S. 117, D 2

In Gundershoffen, am Rande des
Naturparks Nordvogesen, liegt
diese ehemalige Getreidemühle,
die zu einem luxuriösen Hotel um-
gebaut wurde. Die ruhige, idyllische Lage lädt zur Entspannung
ein. Die Zimmer und Suiten sind
ländlich-stilvoll eingerichtet und
verfügen über schicke Bäder. Aus-
gezeichnetes Restaurant.
Gundershoffen, 7, rue du
Moulin • Tel. 03 88 07 33 30 •
www.hotellemoulin.com •
12 Zimmer • ♿ • €€€
10 km nordwestl. von Haguenau

Via Theatro ► S. 35, b 3

Gute Auswahl an Damenbekleidung.
6, rue Georges Clémenceau

AM ABEND

L'Artichant ► S. 35, b 3

Nette Bar neben Theater und Weinstube La Cigogne Gourmande.
13, rue Meyer • Di–So 17–20 Uhr

Baya ► S. 35, b 2

Kellerbar mit Klavierspieler, mal romantisch, mal jazzig.
5, impasse Fleckenstein •
tgl. ab 19 Uhr

Kino Megarex ► S. 35, östl. c 2

Acht Kinosäle bieten Filmvergnügen.
Rte. du Rhin

Théâtre Municipal ► S. 35, b 3

Lustspiele, elsässische Bauern-
schwänke oder klassische Stücke.
Pl. du Maire Guntz • Karten:
Tel. 03 88 73 30 54

AUSKUNFT

Office de Tourisme ▶ S. 35, a 3

www.tourisme-haguenau.com
– Pl. de la Gare • Tel. 03 88 93 70 00
– 1, pl. Joseph Thierry •
Tel. 03 88 73 30 41 ▶ S. 35, b 2

Ziele in der Umgebung

◎ **Forêt de Haguenau**

▶ S. 117, E 3

Der Haguenauer Wald, der nördlich vor der Stadt beginnt, gehört

---

MERIAN-Tipp 5

TÖPFERDÖRFER SOUFFLEN-HEIM UND BETSCHDORF

▶ S. 117, E 3

In den zwölf Töpferbetrieben von
Soufflenheim werden bleiglasier-
te Keramiken hergestellt. Besonders beliebt sind die »Baeckeoffe«-Töpfe für Eintopfgerichte,
es gibt aber auch »Kougelhopf«-
Formen, Weinkrüge und allerlei
Ziergeschirr. Die Muster auf dem
Geschirr werden teilweise noch
in Handarbeit aufgetragen. Dabei
sind auf blauem, braunem oder
dunkelgrünem Grund das Pünkt-
chenmuster, die weißen Gänse-
blümchen und die Wellenlinien
besonders typisch. Ein beliebtes
Souvenir sind die »bols« (Schüs-
selchen für Milchkaffee) mit Na-
menszug.
Die salzglasierte Ware aus Betschdorf, 9,5 km weiter, ist zwar nicht
feuerfest, aber wasserdicht. Berühmt sind die blauen Krüge und
zweihenkligen Töpfe.
www.ot-soufflenheim.fr
15 km östl. von Haguenau

---

mit einer Fläche von 14 000 ha zu
den größten zusammenhängenden
Waldflächen in Frankreich und erstreckt sich über 40 km von Ost
nach West. Der Bürgermeister und
Hobby-Archäologe Xavier Nessel
entdeckte um die Jahrhundertwen-
de etwa 480 Grabhügel aus vorge-
schichtlicher Zeit, von 8000 v. Chr.
bis zur Bronzezeit. Auf prähistori-
sche Besiedlung verweisen außerdem Waffenfunde.

Zahllose Wanderwege durchziehen
den Forst, dessen prominenteste
Stelle »Le Gros Chêne«, die »Dicke
Eiche«, 6 km nordöstlich der Stadt
ist. Hier soll im 6. Jh. der heilige Ar-
bogast als Einsiedler gelebt haben.

◎ **Sessenheim** ▶ S. 117, E 3

1500 Einwohner

Der kleine Ort wurde durch die
Romanze des Studenten Goethe mit
der Pfarrerstochter Friederike Brion
bekannt. Im Gasthaus Zum Ochsen
(Auberge du Bœuf) sind Briefe,
Schriften und Bilder aus dieser
Zeit aufbewahrt (1, rue de l'Eglise,
Tel. 03 88 86 97 14, www.auberge-au-
boeuf.com, Mo und Di geschl.). Am
Anfang der Rue Frédérique Brion
steht etwas versetzt die Scheune des
Hauses, in dem die Familie Brion ge-
lebt hat. Durch die Romanze mit der
Pfarrerstochter wurde Goethe zu den
»Sesenheimer Liedern« inspiriert,
einer Reihe von Liebesgedichten.

20 km westl. von Haguenau

◎ **Woerth** ▶ S. 117, D 2

1600 Einwohner

Der Ort am Flüsschen Sauer hat
schicksalhafte Stunden erlebt. Hier
wurde am 6. August 1870 die historische Schlacht von Reichshoffen ge-
schlagen, bei der 38 000 Franzosen

Eine bleibende Erinnerung an eine Elsass-Reise sind die hübschen Keramiken aus den Töpferdörfern Soufflenheim und Betschdorf (▸ MERIAN-Tipp, S. 38).

90 000 Deutschen gegenüberstanden. Mit 20 000 Toten war es eine der mörderischsten Schlachten des Krieges von 1870/71.

Das sehenswerte **Renaissanceschloss Hanau-Lichtenberg** wurde im 16. Jh. wieder aufgebaut. Der Turm stammt aus dem 14. Jh. und war Teil der alten Stadtbefestigung. Im Ort stammen zahlreiche Häuser aus dem 17./18. Jh., die Häuser Nr. 15 und 17, Grand'Rue aus dem 16. Jh.

15 km nördl. von Haguenau

SEHENSWERTES

Das einstige Schlachtfeld mit seinen Denkmälern liegt an der Rue de Froeschwiller.

MUSEEN

Musée de la Bataille du 6 août 1870

Uniformen, Waffen und andere Objekte dieser Zeit sind in dem Museum ausgestellt, das im Schloss Hanau-Lichtenberg untergebracht ist.
2, rue du Moulin • Tel. 03 88 09 30 21 • www.woerth-en-alsace.com • Feb., März, Nov., Dez. Sa, So 14–17, April, Mai, Sept., Okt. Mi–Mo 14–17, Juli, Aug. 10–12, 14–18 Uhr

Saverne   ▸ S. 116, C 3

12 000 Einwohner
Stadtplan ▸ S. 41

Etwa 40 km nordwestlich von Straßburg gelegen, ist Saverne eine kleine Industrie- und Handelsstadt in landschaftlich außerordentlich reizvoller Umgebung. Ihren Beinamen »Rosenstadt« verdankt sie übrigens einem herrlichen Park mit etwa 8500 Rosenstöcken.

Seinen historischen Anfang nahm Saverne als römische Handels- und Militärstation »Tres Tabernae« auf der Strecke Straßburg–Metz. Nach der Zerstörung durch die Alemannen im 4. Jh. wurde die Stadt von Kaiser Julian wieder aufgebaut und ging in den Besitz der Bischöfe von Straßburg über, die von 1414 bis 1789 hier residierten. Heute lenkt das imposante Schloss der Fürstbischöfe von Rohan alle Aufmerksamkeit auf sich. Es fällt völlig aus dem Rahmen dieser friedlichen Kleinstadt. Der Rhein-Marne-Kanal verfügt über einen Hafen, in dem Bootsausflügler an Land gehen.

SEHENSWERTES

Château des Rohan ▸ S. 41, b 2

Das klassizistische Schloss aus rotem Vogesensandstein ließ Kardinal Louis-René-Edouard de Rohan Guéméné errichten, nachdem der Vorgängerbau, das Fürstenbergschloss, 1779 abgebrannt war. Allerdings verhinderte die unglückliche Verstrickung des Kirchenmannes in die »Halsbandaffäre« um Königin Marie Antoinette eine Beendigung der Bauarbeiten. Der Kardinal wurde ins Exil geschickt, weil er sich 1785 mit einem teuren Collier die Gunst der Monarchin erkaufen wollte.

Besonders schön ist die der Stadt abgewandte Nordfassade des Schlosses, die von einem Park und dem Rhein-Marne-Kanal begrenzt wird. 1852 ließ Napoleon III. das Schloss restaurieren, es diente als Alterssitz für Witwen staatlicher Würdenträger und zeitweise als Kaserne. Heute sind in den Räumen ein Museum für Archäologie, eine Jugendherberge, Schulräume sowie ein Fest- und Konzertsaal untergebracht.
Pl. du Général de Gaulle

Église des Récollets ▸ S. 41, b 2

Die Kirche gehörte zu einem Augustinerkloster aus dem 14. Jh., das bis zur Französischen Revolution im Besitz der Franziskaner war. Sehr schön gestaltet ist der gotische Kreuzgang aus rotem Sandstein, der aus dem 17. Jh. stammt.
Rue Poincaré

Maison Katz ▸ S. 41, b 2

Das Haus des bischöflichen Steuereinnehmers Henri Katz aus dem Jahre 1605 ist mit seinem reich verzierten Fachwerk und zweistöckigen Erker ein Prunkstück der Stadt. Heute gehört es zum Rathaus. Die Taverne Katz im gleichen Haus ist mit ihrem elsässischen Interieur ein beliebtes Restaurant (▸ S. 42).
80, Grand'Rue

Notre-Dame-de-la-Nativité
▸ S. 41, b 2

Die Pfarrkirche Savernes wurde im 15. Jh. errichtet. Vom romanischen Vorgängerbau ist noch der quadratische Glockenturm aus dem 12. Jh. erhalten.
Rue du Tribunal

La Roseraie ▸ S. 41, a 1/2

Der um 1900 angelegte Rosengarten ist Mittelpunkt des alljährlichen Rosenfestes im Juni. Im Sommer blühen im Park etwa 550 verschiedene Rosenarten.
Route de Paris • Juni–Sept. tgl. 10– 19 Uhr • Eintritt 2,50 €, Kinder frei

MUSEEN

Musée Château des Rohan
▸ S. 41, b 2

Das Museum zeigt Funde aus gallorömischer Zeit und merowingische Grabbeigaben, außerdem religiöse Plastiken aus dem 15. bis 19. Jh., Erinnerungsstücke an die Kardinäle Rohan und elsässische Malerei.

Château des Rohan • Pl. du Général de Gaulle • Tel. 03 88 91 06 28 • tgl. 14–18, in der Saison sowie Sa und So 10–12 und 14–18 Uhr, Di geschl. • Eintritt 2,60 €, Kinder frei

SPAZIERGANG

Stadtplan ▶ S. 41

Von der Place du Général de Gaulle blicken Sie auf die Rückseite des **Rohan-Schlosses**. Rechts führt ein Weg in den Schlosspark, der bis zum **Rhein-Marne-Kanal** reicht. Von dort können Sie die Hauptfassade sehen, die durch die hohe Säulengliederung des Mitteltraktes beeindruckt. Links vom Schloss steht der **Cagliostro-Turm**, in dem der italienische Abenteurer Graf Cagliostro im 18. Jh. alchimistische Experimen-

te durchgeführt hat. Gehen Sie zurück zur Place de Gaulle und biegen links in die Fußgängerstraße Grand' Rue ein. Auf der rechten Seite, Nr. 80, liegt das schöne **Haus Katz**, ein Stück weiter links die Pfarrkirche. Von der Grand'Rue geht es weiter rechts in die Rue des Eglises.

In der rechts abzweigenden Rue des Frères stößt man auf einige schöne, alte Häuser und das Feinschmecker-Restaurant **S'Zawermer Stuebel**. Diese Straße mündet in die Rue Poincaré, an der sich die **Kirche des Récollets** befindet. Weiter links die Straße hoch kommen Sie zur Route de Paris, die nach rechts zum **Rosengarten** führt. Der Besuch lohnt nur zur Rosenblüte. Vor der Eisenbahnbrücke verlassen Sie die

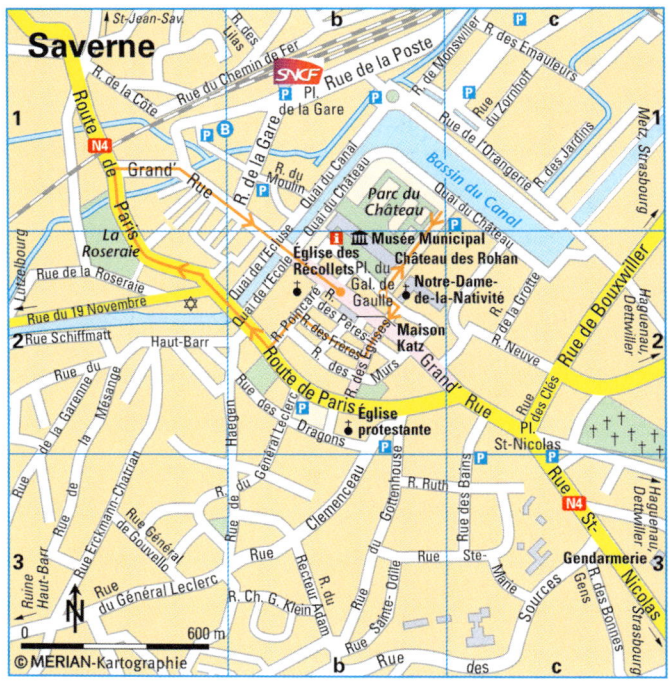

Route de Paris und biegen rechts in die Grand'Rue ein, die Sie ins Zentrum zurückführt.
Dauer: etwa 50 Min.

ÜBERNACHTEN

Europe ► S. 41, b 1
Zentrale Lage • Freundliches Haus mit gepflegten, modernen Zimmern.
7, rue de la Gare • Tel. 03 88 71 12 07 • www.hotel-europe-fr.com • 28 Zimmer • €€€

Chez Jean ► S. 41, b 1
Wohlfühl-Charakter • Liebevoll eingerichtetes Hotel im rustikalen Stil mit Sauna und Weinstube. Helle Zimmer mit modernem Komfort.
3, rue de la Gare • Tel. 03 88 91 10 19 • www.chez-jean.com • 25 Zimmer • €€

ESSEN UND TRINKEN

Le Caveau de l'Escale ► S. 41, b 1
Mit Gewölbesaal • Nahe am Hafen liegt das Restaurant mit dem gemütlichen Gewölbekeller. Die Spezialität: »Büewespätzle«, kleine Kartoffelknödel mit Räucherlachs oder Schweinebäckchen.
10, quai du canal • Tel. 03 88 91 12 23 • www.escale-saverne.fr • Di abends, Mi, Sa mittags geschl. • €

Le Staeffele ► S. 41, b 2
Winstub-Atmosphäre • Gepflegte Gaststube mit feiner Regionalküche.
1, rue Poincaré • Tel. 03 88 91 63 94 • www.strasnet.com/staeffele.htm • Mi, Do mittags, So abends geschl. • €€

Taverne Katz ► S. 41, b 2
Üppig dekoriert • Dieses ausgezeichnete Restaurant mit Terrasse in der Fußgängerzone bietet Genuss für Auge und Gaumen.

80, Grand'Rue • Tel. 03 88 71 16 56 • www.tavernekatz.com • €€

S'Zawermer Stuebel ► S. 41, b 2
Versteckt gelegen • Das Feinschmeckerrestaurant verwöhnt seine Gäste mit elsässischen Spezialitäten.
4, rue des Frères • Tel. 03 88 71 29 95 • www.szawermerstuebel.com • Mo abends, Di geschl. • €€

Pâtisserie Haushalter ► S. 41, b 2
Zum Entspannen • Nettes Café in der Fußgängerzone. Feinste Kuchen, Torten und Eis zum Mitnehmen.
66, Grand'Rue • €

EINKAUFEN

Die Haupteinkaufsstraße ist die Grand'Rue. Dort findet man neben Cafés auch Souvenirläden mit Töpfer- und Glaswaren oder bestickten Tischdecken.

Boucherie Schlotter ► S. 41, b 2
Die Metzgerei in der Grand'Rue bietet delikate Wurstwaren und eine freundliche Bedienung.
86, Grand'Rue

Markt ► S. 41, b 2
Jeden Donnerstag herrscht geschäftiges Treiben auf dem Platz vor dem Schloss. Fliegende Händler verkaufen frisches Obst und Gemüse und Nützliches für den Haushalt. Samstags und dienstags findet außerdem ein kleiner Markt mit regionalen Spezialitäten statt.
Pl. du Général de Gaulle

Marqueterie d'Art Straub ► S. 41, b 1
Ausstellung und Verkauf der berühmten elsässischen Holzgemälde.
9, rue du Moulin

Mic Mac ▶ S. 41, c 2

Etwas außerhalb des Zentrums ge-
legener Trödelladen. Das umfangrei-
che Angebot umfasst neben Antiquitäten auch Interieurs für Geschäfte,
Schilder, Plakate und vieles mehr.
11, rue des Clés

Pâtisserie Boistelle ▶ S. 41, b 2

Die Konditorei bietet feines Gebäck,
allerlei Schokoladensorten und eine
Auswahl an Tee- und Kaffeesorten.
92, Grand'Rue

Peggy Ayoub Créations
▶ S. 41, a 2

Schmuck und gläsernes Kunsthandwerk für den gepflegten Tisch.
21, rue du Haut-Barr

SERVICE
AUSKUNFT
Office de Tourisme ▶ S. 41, b 2

37, Grand'Rue • Tel. 03 88 91 80 47 •
www.ot-saverne.fr

Ziele in der Umgebung
◎ Botanischer Garten ♛
(Jardin Botanique) und
Karlssprung (Saut du
Prince Charles) ▶ S. 116, B 3

Westlich der Stadt, Richtung N 4
bzw. Nancy, liegt der Botanische
Garten von Saverne mit über 2000
zum Teil seltenen Gewächsen. Links
führt ein Weg zum Karlssprung,
einem 15 m hohen Sandsteinfelsen,
von dem Karl der Kühne mit seinem
Pferd herabgesprungen sein soll, als
Verfolger ihm dicht auf den Fersen
waren. Angeblich soll sein Fußab-
druck noch in der Nähe der Berg-
straße zu sehen sein.
Mai–Aug. tgl. 10–19, Sept. Sa, So
14–18 Uhr • Eintritt 2,50 €
3,5 km westl. von Saverne

◎ Bouxwiller und Bastberg

2700 Einwohner ▶ S. 116, C 3

In Bouxwiller haben in grauer Vor-
zeit angeblich Hexen ihr Unwesen
getrieben. Auf dem 326 m hohen
Bastberg sollen sie ausschweifende
Feste gefeiert haben. Der Ort liegt

Viele Häuser in Bouxwiller (▶ S. 43)
stammen noch aus dem 17. Jh.

inmitten einer lieblichen Landschaft,
die schon der junge Goethe zu Pferd
durchstreift hat. Früher war sie Residenz der Grafen von Hanau-Lichtenberg und im 15. Jh. Schauplatz
des »Buchsweiler Weiberkrieges«, als
der letzte Graf Jakob von Lichtenberg
gezwungen wurde, seiner Geliebten
Bärbel von Ottenheim den Laufpass
zu geben. Der Charme Bouxwillers
zeigt sich in schönen Fachwerkhäusern besonders in der Rue des Seig-
neurs und am Marché-aux-Grains
mit dem Waaghaus von 1659.
15 km nordöstl. von Saverne

◉ Château du Haut-Barr 🍴

▸ S. 116, B 3

Großartig ist der Rundblick von dieser 458 m hoch gelegenen Burgruine, die ihren Namen »Auge des Elsass« zu Recht trägt. Die ehemalige Sommerresidenz der Straßburger Bischöfe von Rohan wurde auf drei Felsen erbaut, die durch Treppen und Stege miteinander verbunden sind. Auf dem mittleren Felsen steht ein Wohnbau aus dem 12. Jh.; auf dem nördlichen Felsen sind eine romanische Kapelle und eine Turmruine zu sehen.

4 km südwestl. von Saverne

◉ Dabo

▸ S. 116, B 4

3000 Einwohner

Ein Abstecher in diesen lothringischen Ferienort lohnt allein wegen der herrlichen Aussicht vom Rocher de Dabo in 664 m Höhe. Auf dem Gipfel dieses einstigen Burgfelsens erinnert die St.-Leo-Kapelle an den aus dem Elsass stammenden Papst Leo IX., der 1002 als Sohn des Grafen von Eguisheim und der Gräfin von Dagsburg geboren wurde. Vom Turm (92 Stufen) blickt man über die Hauptgipfel der Vogesen und den Ort Dabo im Tal. 11 km weiter ist bei St-Louis-Arzwiller das technisch sehr interessante Schiffshebewerk (▸ S. 45) zu besichtigen.

25 km südöstl. von Saverne

◉ Marmoutier

▸ S. 116, C 4

2500 Einwohner

In diesem ruhigen Ort ist die **Kirche der ehemaligen Benediktinerabtei** die herausragende Sehenswürdigkeit. Der wuchtige Bau gehört mit der Abteikirche Murbach bei Mülhausen zu den schönsten Beispielen romanischer Architektur im Elsass.

Über der Fassade aus dem 12. Jh. erheben sich drei mit Blendarkaden verzierte Türme. Im Kircheninneren ist u. a. die Silbermann-Orgel von 1710 sehenswert.

6 km südl. von Saverne

MUSEEN

Centre Européen de l'Orgue (Europäisches Orgelzentrum)

Die Funktionsweise einer Orgel wird verständlich, wenn man die Modelle, Videos (in deutscher Sprache) und Instrumente betrachtet und selbst die Klaviaturen bedient. Zum Orgelzentrum gehört eine Sammlung mit kuriosen Flöten aus aller Welt.

50, rue du Convent (vom Kirchplatz einbiegen) • http://pagesperso-orange.fr/ceorgue • April–Sept. tgl. 14–18, Okt.–März 14–17 Uhr • Eintritt 4 €, Kinder ab 12 Jahren 2 €

◉ La Petite Pierre (Lützelstein)

▸ S. 116, B 3

700 Einwohner

Dieser Ferienort liegt inmitten einer herrlichen Waldlandschaft in 380 m Höhe. Die Burgruine Lützelstein beherrscht den Ort, der Verwaltungssitz des Naturparks Nordvogesen ist. Der Park erstreckt sich von Saverne bis Wissembourg und grenzt an Lothringen und den Pfälzerwald. Als »Parc Naturel« gelten in Frankreich landschaftlich besonders schöne Gebiete, in denen jedoch Forstwirtschaft und Bauvorhaben durchaus gestattet sind.

22 km nordwestl. von Saverne

MUSEEN

Musée du Sceau Alsacien (Siegelmuseum)

Das Museum präsentiert eine reichhaltige und einzigartige Spezial-

sammlung von Siegelabdrücken und entsprechendem Werkzeug.
17, rue du Château • Tel. 03 88 70 48 65 • Feb.–Dez. Sa, So 10–12 und 14–18, Juli, Aug. Di–So 10–12 und 14–18 Uhr

ÜBERNACHTEN/ ESSEN UND TRINKEN

Auberge d'Imsthal

Idyllische Lage • Etwa 5 km von La Petite Pierre in Richtung Saverne liegt dieses Hotel versteckt im Wald und am Weiher von Imsthal.
Route Forestière • Tel. 03 88 01 49 00 • www.petite-pierre.com • 23 Zimmer • €€ • Restaurant • ♿ • €

Bio & Spa Hotel La Clairière

▸ grüner reisen, S. 19

◎ Plan incliné (Schiffshebewerk)   ▸ S. 116, B 3

Diese in Frankreich einmalige technische Sehenswürdigkeit liegt bei St-Louis-Arzwiller am Rhein-Marne-Kanal. Ein 43 m langer »Schiffsfahrstuhl« für Lastkähne überwindet einen Höhenunterschied von 44,5 m und erspart den Kapitänen eine Tagesfahrt mit 17 Schleusen.
An der Landstraße 98 F zwischen Lützelburg und Dabo • Führungen mit Rundfahrt im Aussichtsboot • Tel. 0387 253069 • www.plan-incline.com • April, Okt. 10–11.45 und 13.30–16.45, Mai, Juni, Sept. 9.45–11.45 und 14–17.30, Juli, Aug. 10–17.45 Uhr
15 km westl. von Saverne

Wissembourg   ▸ S. 117, E 2

8000 Einwohner
Stadtplan ▸ S. 49

Die nördlichste Stadt des Elsass liegt unmittelbar an der Grenze zur Pfalz, 10 km von Bad Bergzabern entfernt. Die Kleinstadt am Fuße der Nordvogesen wird von den Armen der Lauter durchzogen, die sich an vielen

Besonders beliebt bei Wanderern: der in die liebliche Hügellandschaft des Naturparks Nordvogesen eingebettete Ort La Petite Pierre (▸ S. 44).

schönen und alten Fachwerkhäusern vorbeischlängeln.

Wissembourg kann auf eine wechselvolle Geschichte zurückblicken, die mit einem im 7. Jh. gegründeten Kloster ihren Ausgang nahm. Wie auch das übrige Elsass mussten die Bewohner mehrmals ihre Staatsangehörigkeit wechseln. An die drei Kriege zwischen Deutschland und Frankreich erinnern nur die Befestigungsanlagen der Maginotlinie. Sie sind als Mahnmale in der Nähe von Wissembourg übrig geblieben.

SEHENSWERTES

Le Dominicain ▸ S. 49, e 2

Die Dominikanerkirche aus dem Jahr 1288 wurde nach der Reformation von der Stadt übernommen und diente danach als Pferdestall, Spital, Kaserne und schließlich als Möbelfabrik. Das Gebäude ist heute, nach einer grundlegenden Restaurierung, ein Kulturzentrum (**Relais Culturel**) mit Theatersaal und interessanten wechselnden Ausstellungen.
Rue des Écoles • Tel. 03 88 94 11 13 • Di–Fr 9.30–12, 14–18 Uhr

Haus des Ami Fritz ▸ S. 49, b 1

An der Brücke über die Lauter, nördlich von St-Pierre-et-St-Paul, liegt dieses Haus mit einem schönen Renaissance-Erker von 1550. Es diente 1932 als Kulisse für einen Film über die Romanfigur »Ami Fritz«.
Foubourg de Bitche

Der Holzapfel ▸ S. 49, e 2

Der steinerne Bau mit Ecktürmchen war im 15. Jh. Stadtburg eines kaiserlichen Vogtes. Im Jahre 1506 wurde daraus die Herberge »Zum Bürgerhof«, die von 1793 bis 1854 zugleich eine Pferdepost-Station war. Zu den illustren Gästen zählte auch Napoleon I., der 1806 hier weilte.
Rue Nationale/Ecke Rue des Cavaliers

Hôpital Stanislas ▸ S. 49, c 2

Dieses hufeisenförmige Gebäude aus dem Anfang des 18. Jh. – ehemals Hôtel de Weber – war die Residenz des exilierten polnischen Königs Stanislaus Leszczynski. Das Gebäude wurde in seiner jüngsten Vergangenheit als Altersheim genutzt.
Rue Stanislas

> ## WUSSTEN SIE, DASS …
>
> … Stanislaus Leszczynski der Schwiegervater des französischen Königs Louis XV. war? Ludwig XV. hatte dessen Tochter Maria 1725 geheiratet und ihn zum Herzog von Lothringen ernannt.

Hôtel de Ville ▸ S. 49, d 2

Das Rathaus mit Dreiecksgiebel und Uhrturm wurde 1741 bis 1752 von dem Straßburger Bistumsarchitekten Joseph Massol erbaut, nachdem der ältere Bau 1677 abgebrannt war. Über dem Zifferblatt der Uhr steht die lateinische Inschrift: »Unter der Regierung von Ludwig XV. bin ich aus alter Asche wiederererstanden.«
Pl. de la République

Maison du Sel ▸ S. 49, c 2

Das Salzhaus liegt an der Salzbrücke und wurde 1450 als erstes Hospital der Stadt errichtet. Der Bau mit einer gewaltigen dreistöckigen Dachkonstruktion diente später als Salzmagazin, im 17. Jh. als Schlachthaus und befindet sich seit dem 18. Jh. in Privatbesitz.
Rue du Marché-aux-Poissons

Maison Vogelsberger ▸ S. 49, c 1

Das stattliche Haus mit reich ver-
ziertem Renaissanceportal und ge-
maltem Wappen wurde 1540 erbaut
und beherbergt heute eine Schule.
Sein Besitzer, Feldhauptmann Vogelsberger, wurde 1548 wegen Hoch-
verrats in Augsburg hingerichtet,
weil er unerlaubt der Krönung des
französischen Königs Heinrich II. in
Reims beigewohnt hatte.
Quai Anselman

Les Remparts
(Festungsmauer) ▸ S. 49, a 1–e 3

Die Stadtmauer aus dem 13. Jh. ist
noch zum großen Teil erhalten. Der
um 1420 erbaute »Husgenossen-
Turm« im östlichen Teil gehört zur
Wehranlage der älteren Stadtbefestigung. Von diesem Turm bis zum
Hagenauer Tor ist die südliche Um-
fassungsmauer der Stadt fast intakt.

St-Jean ▸ S. 49, c 1

Die protestantische Pfarrkirche wurde im Januar 1945 durch Flieger-
bomben schwer beschädigt. Der
romanische Turm der ehemaligen
Stadtkirche stammt bereits aus dem
13. Jh., Haupt- und Seitenschiff aus
dem 15. Jh. Das Chorgestühl im Inneren ist von 1514, während die
flache Decke und die Orgel neueren
Datums sind. Außen an der Nord-
wand sind Grabsteine Weißenburger
Persönlichkeiten zu sehen. In dieser
Kirche hat 1522 der Reformator Martin Bucer aus Sélestat gepredigt. Von
der Kanzel wurde am 27. Juli 1725
die Eheschließung der 22-jährigen
Maria Leszczynski, polnische Kö-
nigstochter im Exil, mit dem 15 Jahre alten französischen König Ludwig
XV. verkündet.
Rue du Presbytère

St-Pierre-et-St-Paul ▸ S. 49, c 1/2

Die ehemalige Kirche des im 7. Jh.
gegründeten Benediktinerklosters
ist nach dem Straßburger Münster
das größte gotische Gotteshaus im
Elsass. Nur der quadratische West-
turm stammt noch aus romanischer
Zeit, nämlich aus dem 11. Jh.
Im Inneren des Gebäudes aus rotem
Sandstein sind die Chorfenster und
die Rosette des südlichen Querhau-
ses aus dem 13. Jh. sehenswert. Bemerkenswert ist auch das 11 m hohe,
bis zur Decke reichende Wandge-
mälde des hl. Christophorus, des
Schutzpatrons der Pilger (und Touristen). Der gotische Kreuzgang ist
leider unvollendet geblieben. Hinter
dem nördlichen Querhaus liegt die
dreischiffige kleine Peter- und Pauls-
Kapelle von 1033, eines der ältesten
Bauwerke des Elsass.
Av. de la Sous-Préfecture

MUSEEN

Musée Westercamp ▸ S. 49, d 1

Das Museum ist in mehreren kleinen Fachwerkhäusern untergebracht
und trägt den Namen des Notars
Paul Westercamp, der die Häuser aus
dem 16. Jh. der Stadt schenkte. Die
Fassade mit holzgeschnitztem Erker
zeigt den traditionellen Stil der Win-
zerhäuser dieser Epoche. Die Sammlung gibt einen guten Überblick über
die Lokalgeschichte.
3, rue du Musée • Mo, Mi, Do 14–18,
Fr, Sa 9–12 und 14–18, So 10–12
und 14–18 Uhr (voraussichtlich bis
2010 wegen Renovierung geschl.)

SPAZIERGANG

Stadtplan ▸ S. 49

Von der Place du Marché-aux-
Choux (Kohlmarkt) folgt man der
Einkaufsstraße Rue de la République

bis zum gleichnamigen Platz, wo das Rathaus (**Hôtel de Ville**) aus dem 18. Jh. steht. Links führt der Weg durch die Rue du Marché-aux-Poissons (Fischmarkt) zur Lauter. Kurz vor der Salzbrücke steht das Salzhaus (**Maison du Sel**). Von der Brücke hat man einen hübschen Blick auf die Häuser am Bach. Auf dem anderen Ufer befindet sich der ehemalige Speicher der Abtei, die **Zehntscheuer**. Biegen Sie in die Rue Stanislas und passieren Sie die **Residenz** des exilierten polnischen Königs Stanislaus. Rechts folgen Sie der Rue du Châpitre, gehen an der Unterpräfektur im Barockgebäude der ehemaligen Dechanei aus dem Jahr 1784 und an der Kirche **St-Pierre-et-St-Paul** vorbei. Dann überqueren Sie links die Lauter-Brücke, die in das »Bruchviertel« (**Quartier du Bruch**) führt, in dem noch viele Häuser aus dem 15. Jh. zu bewundern sind. Direkt an der Brücke befindet sich das **Haus des Ami Fritz** mit seinem Re-

naissance-Erker (1550). Man spaziert an der Lauter entlang bis zum **Turm der Husgenossen** (1420). Der Rückweg führt am Quai du 24 Novembre entlang. Am parallel verlaufenden Quai Anselman liegt das stattliche **Haus Vogelsberger**.
Dauer: ca. 40 Min.

ÜBERNACHTEN

Alsace   ▸ S. 49, f 3

Zweckmäßig und günstig • Das moderne Hotel verfügt über ruhige und funktionale Zimmer.
16, rue Vauban • Tel. 03 88 94 98 43 • www.hotel-alsace.fr • 41 Zimmer • ♿ • €

Au Cygne   ▸ S. 49, d 2

Gemütlich • In diesem traditionellen Haus im Zentrum kann man sowohl ruhig schlafen als auch gut essen. Mit Mini-Bibliothek.
3, rue du Sel • Tel. 03 88 94 00 16 • www.hostellerie-cygne.com • 16 Zimmer • €

Au Moulin de la Walk
▸ S. 49, westl. a 1

Schöne Lage • Das komfortable und ruhige Hotel ist nicht weit vom Zentrum, aber dennoch idyllisch an der Lauter gelegen.
2, rue de la Walk • Tel. 03 88 94 06 44 • www.moulin-walk.com • 25 Zimmer • ♿ • €

ESSEN UND TRINKEN

À l'Ange   ▸ S. 49, d 2

Elsässisch auf neue Art • Hübsch gelegenes und gemütliches Speiselokal mit raffinierter Küche, z. B. Vogesenforelle auf Zwiebelkonfitüre.
2, rue de la République • Tel. 03 88 94 12 11 • www.restaurant-ange.com • €€€€

MERIAN-Tipp   6

AUBERGE DU CHEVAL BLANC
▸ S. 117, D 1

Im »Weißen Pferd« in Lembach kann man sich kulinarisch verwöhnen lassen. In diesem Gasthaus in einer Poststation aus dem 18. Jh. werden Köstlichkeiten der Nouvelle Cuisine und der Regionalküche geboten.
Lembach, 4, route de Wissembourg • Tel. 03 88 94 41 86 • www.au-cheval-blanc.fr • Reservierung empfohlen • Mo, Di geschl. • 7 Zimmer • ♿ • €€€
15 km westl. von Wissembourg

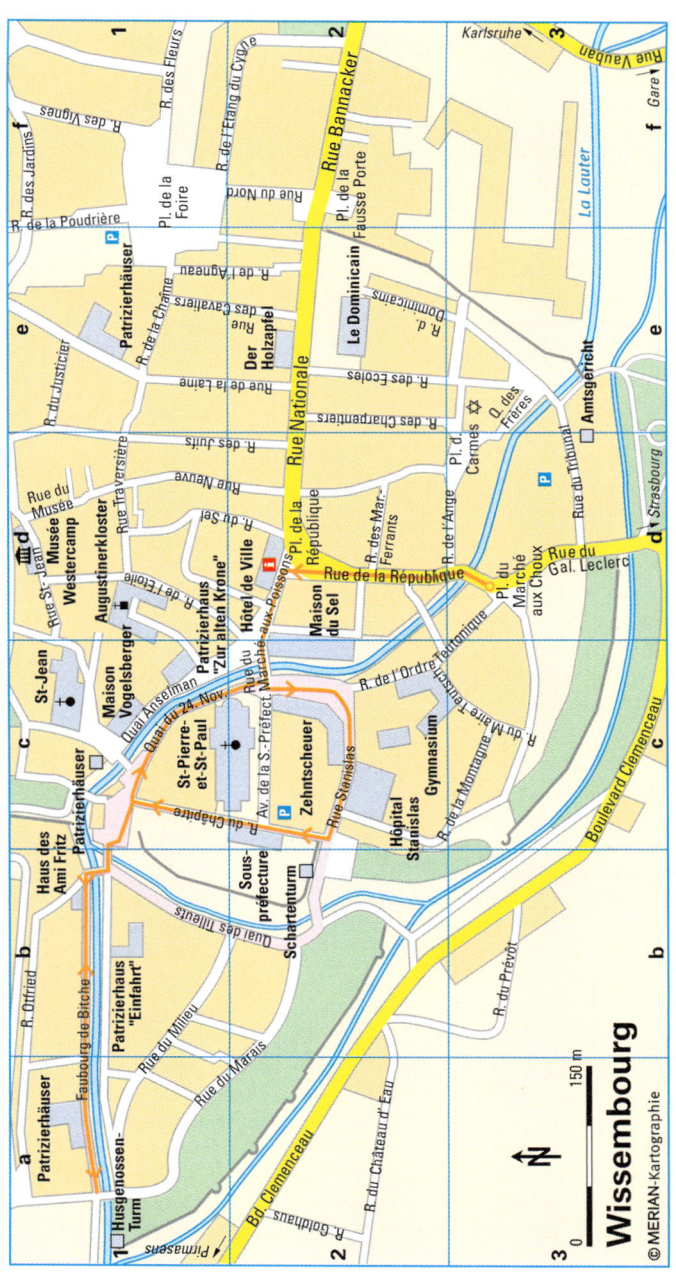

Wissembourg

© MERIAN-Kartographie

0   150 m

La Couronne ► S. 49, d 2

Gemütliches Ambiente • In einer ehemaligen Postkutschenstation aus dem 18. Jh. werden elsässische Spezialitäten und Bier aus der Lokalbrauerei aufgetischt, im Sommer wird auch draußen serviert.
12, pl. de la République •
Tel. 03 88 94 14 00 • www.couronne-wissembourg.com • Mo, Di, So abends geschl. • €

Au Cygne ► S. 49, d 2

Für Wildliebhaber • Im »Schwan« isst man in traditionellem Ambiente Fisch, regionale Gerichte und vor allem Wild.
3, rue du Sel • Tel. 03 88 94 00 16 •
www.hostellerie-cygne.com • Mi, Do mittags, So abends geschl. • €

La Vignette ► S. 49, c 2

Rustikal • Lokal im elsässischen Stil mit traditionellen Gerichten.
17, rue du Marché-aux-Poissons •
Tel. 03 88 94 17 64 • Do geschl. • €

Matern-Criqui ► S. 49, d 2

Für Kuchenfans • Teesalon mit herrlicher Kuchenauswahl und hausgemachtem Speiseeis.
6, rue de la République •
Tel. 03 88 94 02 62 • Mo geschl. • €

EINKAUFEN
Jardin de Stanislas ► S. 49, c 2

Antiquitäten, Geschenke, Bilder. Eingang durch den Garten gegenüber der Kirche St-Pierre et St-Paul.
10, rue Stanislas

AM ABEND
La Mirabelle ► S. 49, d 3

Holzverkleidete Bar im gemütlichen Pub-Stil mit Biergarten.
Rue du Général Leclerc • Mo geschl.

Pub Marteens ► S. 49, d 3

Pub, in dem regelmäßig Livekonzerte stattfinden.
2, pl. du Marché aux Choux •
11–1 Uhr

SERVICE
AUSKUNFT
Office de Tourisme ► S. 49, d 2

9, pl. de la République • Tel. 03 88 94 10 11 • www.ot-wissembourg.fr

Ziele in der Umgebung
◎ Fleckenstein 🛡 ♟♟
► S. 117, D 2

Die aus dem Mittelalter stammende Burganlage Fleckenstein liegt im Naturpark der Nordvogesen auf 370 m Höhe und wurde im 12. Jh. auf einem gewaltigen Sandsteinklotz errichtet. Einige der Räume wurden direkt aus dem anstehenden Fels herausgeschlagen. Auf der oberen Plattform hat man einen schönen Blick über die waldreiche Gegend.
20 km westl. von Wissembourg

◎ Niederbronn-les-Bains
4500 Einwohner ► S. 117, D 2

Zwischen den bewaldeten Vogesenhügeln weht hier der Hauch der großen weiten Welt: Der kleine Kurort, dessen Thermalquellen bereits seit römischer Zeit bekannt sind, besitzt das einzige Spielcasino im Elsass. Ein passendes Quartier ist das **Grand Hôtel** mit seinem altmodischen Flair (14, av. Foch • Tel. 03 88 80 84 48 • www.mercure.com).
Der hübsche Ort liegt ideal, um den Naturpark Nordvogesen (**Parc Régional des Vosges du Nord**) zu erkunden. Zahlreiche Burgruinen und idyllische Fachwerkdörfer zählen zu den attraktiven Zielen der Umgebung. Die Burg **Falkenstein**,

Hin und wieder überragt eine Burgruine die dicht bewaldeten Hügel der Nordvogesen: Der Fleckenstein (▸ S. 50) stammt noch aus der Zeit der Staufer.

10 km nordwestlich, ist über die N 62 zu erreichen. Die **Wasenburg** kann man von Niederbronn-les-Bains aus zu Fuß erreichen.
Casino: Pl. des Thermes • Tel. 03 88 80 84 88 • Mo–Do 10–2, Fr, Sa bis 4, So bis 3 Uhr
34 km südwestl. von Wissembourg

SERVICE

Office de Tourisme
6, pl. de l'Hôtel de Ville • Tel. 03 88 80 89 70 • www.niederbronn.com

◎ Schœnenbourg   ▸ S. 117, E 2

700 Einwohner

Hier befindet sich das **Fort de Schœ-nenbourg**, die größte zugängliche Befestigungsanlage der Maginotlinie im Elsass. 30 m unter der Erde wurden Gänge angelegt, die Gefechtsstände, ein Kraftwerk, Kasernen, Schlafräume, Küchen und ein Krankenhaus verbanden. Zeitweise lebten hier während des Zweiten Weltkrieges bis zu 600 Soldaten.
Führung tgl. April–Okt. • Tel. 03 88 80 59 39 • www.lignemaginot.com

Straßburg und Umgebung

Die Hauptstadt der Region Alsace vereint nostalgischen
Charme mit zeitgenössischen Kulturevents. Klingenthal,
Marlenheim und Obernai sind reizvolle Umgebungsziele.

◄ Meisterwerk der Hochgotik: der West-
bau des Straßburger Münsters (► S. 53)
mit Turm und Hauptfassade.

Straßburg   ► S. 118, E 5

457 000 Einwohner

Stadtplan ► Klappe hinten

Nördliche
Vogesen

Straßburg und
Umgebung

Mittlere
Vogesen

Südliche
Vogesen

Das Straßburger Münster aus rotem
Vogesensandstein überragt die In-
nenstadt mit ihren Fußgängerzonen,
Geschäftsvierteln und Museen. Auf
dem weitläufigen Münsterplatz be-
gann vor 2000 Jahren mit dem römischen Kastell »Argentoratum« die
Geschichte der Stadt. Heute ist das
mittelalterliche Gerberviertel Ziel
aller Urlauber, die die Antiquitäten-
geschäfte durchstöbern oder sich in
den zahlreichen Restaurants elsässische Spezialitäten auftischen lassen.
Das für Straßburg so bestimmende
europäische Viertel mit dem matt-
silbern glänzenden Bau des Palais de
l'Europe, den Botschaften und nob-
len Residenzen liegt am nordöst-
lichen Stadtrand. EU-Parlament und
Europarat bringen Gäste aus Politik
in die Stadt.

SEHENSWERTES

Ancienne Douane

► Klappe hinten, d 5

Das »Alte Kaufhüs« an der Rabenbrücke ist heute Restaurant und war
im Mittelalter Lagerstätte für steuer-
pflichtige Waren. Nach den Bom-
benangriffen von 1944 wurde das
Zollhaus 1956 wieder aufgebaut.
6, rue de la Douane

La Cathédrale Notre-Dame
(Münster) **2**   ► Klappe hinten, d 5

Das Straßburger Münster ist ein
imposantes Zeugnis der Baukunst
aus drei Jahrhunderten. Berühmt ist
die Hauptfassade mit den Portal-
statuen, ferner die riesige Fenster-
rose (mit 15 m Durchmesser) und
der 142 m hohe Turm, der bis zum
19. Jh. höchster Kirchturm Europas
war. Sehenswert im Kircheninneren
sind besonders die Astronomische
Uhr (**Horloge astronomique**), der
Engelspfeiler, die Kanzel und die Silbermann-Orgel. Der Sakralbau,
1015 als romanische Kirche begon-
nen, umfasst gotische (1235–1275)
und hochgotische (1276–1330) Ele-
mente. Hauptbaumeister war ab
1284 Erwin von Steinbach. Seit dem
Mittelalter kümmerte sich L'Œuvre
Notre-Dame, die Münsterbauhütte,
um die laufenden Restaurierungs-
arbeiten, was sie zur ältesten und
einzigen Institution des Kathedral-
baus in Frankreich macht.

Den unvollendeten Südturm be-
steigt man über 332 Stufen bis zu einer Plattform auf 55 m Höhe. Die
Mühe lohnt sich: Der Ausblick reicht
weit über die Rheinebene. Einzigar-
tig ist auch das spitzgiebelige Dä-
chergewirr der Altstadt. Der neben
der Plattform aufragende, 142 m hohe Nordturm des Münsters ist nicht
mehr zugänglich.

Pl. de la Cathédrale • www.cathedrale-strasbourg.fr • tgl. 7–11.20, 12.35–19 Uhr, außer während der Gottesdienste • Besteigung der Plattform: April–Sept. tgl. 9–19.15, Okt.–März 10–17.15 Uhr • Eintritt 4,60 €

Cour du Corbeau

▶ Klappe hinten, d 5

Im Rabenhof hat heute ein Luxushotel (▶ MERIAN-Tipp, S. 13) die Aufgabe des Hauses übernommen: Eine Tafel erinnert an die berühmten Gäste dieser ehemaligen Herberge, die aus dem 16. Jh. stammt. Selbst Friedrich der Große, König von Preußen, zählte dazu.

1, pl. du Corbeau

Gutenberg-Denkmal

▶ Klappe hinten, c 4

Denkmal und Platz sind dem Erfinder der Buchdruckerkunst gewidmet, der fünf Jahre, von 1439 bis 1444, in Straßburg verbrachte.

Hôtel de Ville ▶ Klappe hinten, d 3

Das alte Rathaus an der Südseite der Place Broglie wurde 1730 bis 1738 von Joseph Massol als »Hanauer Hof« für den Grafen von Hanau-Lichtenberg erbaut. Zum Rathaus wurde es 1805.

9, rue Brûlée (Hofeingang)

Maison Kammerzell

▶ Klappe hinten, d 4

Das alte Kaufmannshaus am Münsterplatz beherbergt ein beliebtes Restaurant (▶ S. 60). Das steinerne Erdgeschoss stammt aus dem 15. Jh., der Fachwerkoberbau wurde um 1589 errichtet. Die Fassade ist reich verziert, u. a. mit Tierkreiszeichen.

16, pl. de la Cathédrale • www.maison-kammerzell.com

Maison des Tanneurs

▶ Klappe hinten, b 4

Die Ursprünge dieses Fachwerkhauses mit Galeriefassade auf der Ill-Seite gehen auf das Jahr 1572 zurück. Damals bearbeiteten hier die Gerber ihre Tierfelle. Jetzt ist in den historischen Gemäuern ein gutbürgerliches Restaurant untergebracht (▶ S. 60).

42, rue du Bain-aux-Plantes

Palais des Droits de l'Homme

▶ Klappe hinten, nördl. e 1

Der 1995 eingeweihte Gerichtshof für Menschenrechte mit seinen zwei trommelförmigen Sitzungssälen ist ein Werk des britischen Architekten Richard Rogers. Auf 32 000 qm Bürofläche bearbeiten über 600 Juristen die Grundrechtsbeschwerden aus den 47 Mitgliedsländern des Europarates.

Quai Ernest Bevin (am Ill-Ufer gegenüber dem Europarat) • Bus 23 • www.echr.coe.int

Conseil de l'Europe (Europarat)

▶ Klappe hinten, nördl. e 1

Sitz des 1949 gegründeten Europarates mit 47 Mitgliedsländern und 1200 ständigen Beamten ist das **Palais de l'Europe**. Dieser 1977 fertiggestellte quadratische Bau mit 38 m hohen Schrägwänden aus Aluminium und Glas ruht auf einem Fundament aus rotem Vogesensandstein. Zu den Aufgaben des Europarats gehören der Schutz der Menschenrechte, die kulturelle Zusammenarbeit und die Ausarbeitung europäischer Konventionen. Bis 1998 wurde der Plenarsaal auch für die Versammlungen des Europaparlaments genutzt. Da aber der Europarat wächst und selbst Japan einen Beobachterstatus hat, dürfte der Saal kaum leer stehen.

16, pl. Avenue de l'Europe • Führungen nur für angemeldete Gruppen: Service des Visites du Conseil de l'Europe, Av. de l'Europe • Tel. 03 88 41 20 29 • www.coe.int

Palais de la Musique et des Congrès ▸ Klappe hinten, nördl. e 1

Das Musik- und Kongressgebäude unweit der Place de Bordeaux ist das Zentrum des Konzertlebens. Links vor dem Haupteingang steht seit 1981 eine Skulptur des englischen Künstlers Henry Moore.

Pl. de Bordeaux • Tel. 03 88 37 67 67 • Besichtigung auf Anfrage

Palais Rohan 🔳 ▸ Klappe hinten, d 4

Der ehemalige Palast der Fürstbischöfe von Straßburg ist nach der Kathedrale die wichtigste Station für Kunstinteressierte. Der klassizistische Dreiflügelbau wurde 1730 bis 1742 errichtet. Seit Ende des 19. Jh. sind hier drei Kunstmuseen untergebracht (▸ S. 57).

2, pl. du Château

Parc de l'Orangerie 🎭 ▸ Klappe hinten, nördl. e 1

Der schönste Park der Stadt wartet mit uralten Blutbuchen, Platanen und Blumenbeeten auf. In der Mitte ließ Napoleon 1805 für die Kaiserin den **Pavillon Joséphine** errichten.

Av. de l'Europe

Parlement Européen (Europäisches Parlament) ▸ Klappe hinten, nördl. c 1

Der halbrunde Glaspalast mit dem Büroturm am Ufer der Ill beherbergt den Plenarsaal des Europaparlaments. Auf insgesamt 180 000 qm Fläche gibt es über 1000 Büros für die Abgeordneten aus 27 Ländern, Dolmetscher und Journalisten sowie etliche Sitzungssäle.

Quai du Chanoine Winterer (hinter dem Europarat) • Besichtigung für Gruppen nach Anmeldung: Service des Visites du Parlement Européen • Tel. 03 88 17 40 01 • www.europarl.europa.eu

Pont du Corbeau (Rabenbrücke) ▸ Klappe hinten, d 5

Die Rabenbrücke führt über die Ill ins Zentrum. Einst wurden Verbrecher, Kindsmörder und Ehebrecherinnen von dieser Brücke in die Ill geworfen.

St-Thomas ▸ Klappe hinten, c 5

Die Baugeschichte der protestantischen Kirche reicht vom 12. bis ins 14. Jh. Hier hat der Elsässer und Bach-Kenner Albert Schweitzer häufig Konzerte an der von Johann Andreas Silbermann gebauten Orgel gegeben, um Spenden für sein Urwald-Hospital in Lambarene zu sammeln. Sehenswert ist das Grabmal des Marschalls Moritz von Sachsen (1696–1750), der für Frankreich kämpfte.

Pl. St-Thomas

Terrasse Panoramique du Barrage Vauban ▸ Klappe hinten, a 5

Von hier aus genießt man einen schönen Blick auf die vier trutzigen Stadttürme der gedeckten Brücken (**Ponts Couverts**), auf **La Petite France** und den **Münsterturm** im Vordergrund. Erbaut wurde das Wehr von keinem Geringeren als Sébastien Le Prestre Marquis de Vauban (1633–1707), dem Meister-Ingenieur Ludwigs XIV., als Teil einer Verteidigungsanlage.

Eines der Wahrzeichen von Straßburg sind die »Ponts Couverts« (▶ S. 55). Ursprünglich überdacht und aus Holz errichtet, wurden sie im 19. Jh. durch Steinbrücken ersetzt.

Totenmonument

▶ Klappe hinten, e 1

Auf der Place de la République steht das symbolträchtigste Monument der Stadt, das Denkmal für die Gefallenen des Ersten Weltkrieges. Die Mutter, Straßburg, beweint ihre toten Söhne. Der eine starb für Deutschland, der zweite für Frankreich.

MUSEEN

Ermäßigungen und freie Eintritte ermöglicht der Strasbourg Pass, der im Office de Tourisme erhältlich ist.
www.musees-strasbourg.org

Musée Alsacien 👭

▶ Klappe hinten, d 5

Die drei schönen Fachwerkhäuser, die seit 1902 das Elsässische Museum beherbergen, stammen aus der gleichen Zeitepoche wie zahlreiche Ausstellungsstücke im Inneren. Die Vielfalt der Exponate, die von Trachten und Möbel bis hin zu einer Renaissancestube und einer Zimmermannswerkstatt reichen, macht das frühere Leben im Elsass sehr anschaulich und auch für kleine Besucher vergnüglich.
23–25, quai St-Nicolas • Mo–Fr 12–18, Sa, So 10–18 Uhr, Di geschl. • Eintritt 5 €

Musée d'Art Moderne et Contemporain
▶ Klappe hinten, westl. a 5

Das Museum für moderne und zeitgenössische Kunst zeigt auf drei Etagen Werke von Hans Arp, Wassily Kandinsky und Georg Baselitz, von Max Ernst und Victor Brauner sowie eine Galerie mit Werken von Gustave Doré, der sich vor allem als Illustrator einen Namen gemacht hat.
1, pl. Jean Hans Arp (Nähe Altstadtviertel Petite France) • Di–Fr 12–19, Do 12–21, Sa, So, 10–18 Uhr, Mo geschl. • Eintritt 6 €

Musée Historique

▸ Klappe hinten, d 5

Im Museum für Stadtgeschichte wird mit vielen Exponaten, die von Stadtmodellen über Gemälde und Kupferstiche bis hin zu persönlichen Erinnerungsstücken Straßburger Bürger reichen, die Entwicklung Straßburgs vom Mittelalter bis 1800 präsentiert. 2, rue du Vieux-Marché-aux-Poissons • Di–Fr 12–18, Sa, So 10– 18 Uhr, Mo geschl. • Eintritt 5 €

Musée de l'Œuvre Notre-Dame (Frauenwerkmuseum)

▸ Klappe hinten, d 4

In dem Gebäudekomplex aus dem 14. bis 16. Jh. sind die Originale der Münsterskulpturen zu sehen. Die meisten Ausstellungsstücke stammen aus dem Münster bzw. erläutern die Entwicklung der sakralen Kunst im Elsass. Dazu zählt etwa die älteste in Europa erhaltene Glasmalerei: der Christuskopf aus Wissembourg. 3, pl. du Château • Di–Fr 12–18, Sa, So 10–18 Uhr, Mo geschl. • Eintritt 5 €

Musées du Palais Rohan

▸ Klappe hinten, d 4

Drei Museen sind in der Residenz der Fürstbischöfe von Straßburg aus dem 18. Jh. untergebracht: das **Musée Archéologique** (Archäologisches Museum), das **Musée des Arts Décoratifs** (Kunstgewerbemuseum) und das **Musée des Beaux-Arts et Grands Appartements** (Gemäldegalerie).

Musée Archéologique:

Die Sammlungen im Untergeschoss des Hauptgebäudes reichen von der Bronzezeit über den Beginn des Christentums bis hin zur Völkerwanderung.

Musée des Arts Décoratifs:

Im Seitenflügel der ehemaligen Pferdeställe befindet sich die Sammlung Straßburger Fayencen aus der Hannong-Manufaktur, Möbel aus dem 18. und 19. Jh. und allerlei Luxusartikel .

Musée des Beaux-Arts:

Vertreten ist die französische, flämische, holländische, spanische und italienische Schule des 14. bis 19. Jh. Gemälde von Giotto, Botticelli, van Dyck, Rubens, Raffael, El Greco (»Mater Dolorosa«, 1594–1597), Goya, Watteau, Delacroix und Corot haben diese Sammlung im 1. Stock des Palais Rohan bekannt gemacht.

Grands Appartements:

Im Erdgeschoss des Palais des Rohan hat man die fürstlichen Prunkgemächer und die Wohnräume der Bischöfe im Stil des 18. Jh. wiederhergestellt. 2, pl. du Château • Mo, Mi–Fr 12–18, Sa, So 10–18 Uhr, Di geschl. • Eintritt je Museum 5 €

Musée Tomi Ungerer 🔶

▸ Klappe hinten, e 2

In der Sammlung Tomi Ungerer ist eine Reihe von Werken des 1931 in Straßburg geborenen Illustrators zu sehen, darunter Plakate, satirische Zeichnungen, erotische Illustrationen und Bilder für Kinderbücher, nach Themen geordnet. Außer den Exponaten des »zeichnenden Rebellen« werden auch Werke anderer Künstler des 20. Jh. in Ausstellungen präsentiert. Die Villa Greiner, im 19. Jh. im neoklassischen Stil errichtet, bietet einen kontrastreichen Rahmen zu den Ausstellungen. Villa Greiner • 2, av. de la Marseillaise • www.musees-strasbourg.org • Juli–Sept. tgl. 10–18 Uhr • Eintritt 5 €

SPAZIERGANG

Stadtplan ▶ Klappe hinten

Ausgangspunkt für den Rundgang durch **La Petite France** ist der Gutenbergplatz. Er liegt sehr zentral, in der Nähe des Straßburger Münsters. Sie folgen der kleinen Rue Gutenberg, überqueren die breite Rue des Francs Bourgeois und laufen die Grand'Rue entlang, die frühere römische Militärstraße. Auf etwa halber Höhe biegen Sie nach links in die Rue du Fossé-des-Tanneurs, die Sie in das Herz von La Petite France führt, zur Place Benjamin Zix mit schattigen Platanen und einem herrlichen Blick über die Fachwerkhäuser am **Ill-Kanal**. Sie folgen der Rue-du-Bain-aux-Plantes, vorbei an kleinen Geschäften und Restaurants bis zu den gedeckten Brücken, den **Ponts Couverts**, mit einem schönen Blick über das Viertel. Auf dem gleichen Weg geht es zurück. Vom Platz Benjamin Zix folgen Sie der Rue des Dentelles und der Rue de la Monnaie bis zur Place St-Thomas mit der gleichnamigen protestantischen **Kirche**. Die Rue des Serruriers führt Sie dann wieder zurück zum Gutenbergplatz.
Dauer: ca. 1 Std.

ÜBERNACHTEN

Ein Verzeichnis aller Straßburger Hotels finden Sie im Internet unter www.strasbourg.com/hotels.

Régent Petite France
▶ Klappe hinten, b 5

Eleganz und Klasse • Dieses luxuriöse Hotel liegt mitten in der Altstadt. Die Zimmer sind modern und geschmackvoll eingerichtet. Von der Restaurant-Terrasse bietet sich ein schöner Blick auf die Ill.

5, rue des Moulins • Tel. 03 88 76 43 43 • www.regent-hotels.com • 72 Zimmer • ♿ • €€€€

Cathédrale
▶ Klappe hinten, d 4

Münsterblick • Das renovierte Hotel liegt direkt gegenüber der Kathedrale. Die Einrichtung ist vornehm und schick, mit Stilmöbeln aus dem 18. Jh. und modernem Komfort. Zimmer mit Blick auf das Straßburger Münster oder den Innenhof.

12, pl. de la Cathédrale • Tel. 03 88 22 12 12 • www.hotel-cathedrale.fr • 47 Zimmer • €€€

Du Dragon 🐾🐾
▶ Klappe hinten, c 6

Familienfreundlich • In dem restaurierten Fachwerkhaus aus dem 17. Jh. verbirgt sich eine moderne Innenausstattung in dezenten Grauweißtönen. Das zentrale Hotel ist sehr komfortabel und ruhig gelegen und bietet auch Familienzimmer.

12, rue du Dragon • Tel. 03 88 35 79 80 • www.dragon.fr • 32 Zimmer • €€€

Cruche d'Or 🐾🐾
▶ Klappe hinten, d 5

Familiäre Atmosphäre • Ein Geheimtipp für bescheidenere Ansprüche. Dieses kleine Haus mitten im Zentrum ist ruhig gelegen und bietet ein gemütliches holzgetäfeltes Restaurant mit exzellenter Küche. Die Zimmer sind einfach, aber freundlich eingerichtet.

6, rue des Tonneliers • Tel. 03 88 32 11 23 • www.cruchedor.com • 12 Zimmer • €€

L'EtC
▶ Klappe hinten, c 4/5

Schickes Design • In einer ruhigen Gasse in der Nähe des ehemaligen Gerberviertels La Petite France gelegen, bietet das Hotel modern einge-

Das Straßburger Münster (▶ S. 53) beeindruckt durch seine Dimensionen. Das Langhaus stammt aus der Hochgotik, Apsis und Chor hingegen noch aus romanischer Zeit.

richtete Zimmer, die jeweils in einem Farbton gestaltet sind.
7, rue de la Chaîne • Tel. 03 88 32 66 60 • www.hoteldesfrancs bourgeois.com • 35 Zimmer • €€

Gutenberg ▶ Klappe hinten, c 4
Zum Wohlfühlen • Zentral und ruhig in der Nähe des Gutenberg-Platzes gelegen. Die Zimmer sind modern im elsässischen Stil eingerichtet.
31, rue des Serruriers • Tel. 03 88 32 17 15 • www.hotel-gutenberg.com • 42 Zimmer • €€

ESSEN UND TRINKEN
Buerehiesel
▶ Klappe hinten, nördl. e 1
Exquisit • Dieses Restaurant, das in einem alten Bauernhaus untergebracht ist, liegt im herrlichen Park der Orangerie. Serviert werden ausgefallene Fisch- und Fleischspeisen, der junge Koch will sein Können

und seine Kreativität unter Beweis stellen.
4, parc de l'Orangerie • Tel. 03 88 45 56 65 • www.buerehiesel.com • Reservierung empfohlen • So, Mo geschl. • €€€

Au Crocodile ▶ Klappe hinten, c 3
Meisterküche • Chefkoch Emile Jung legt größten Wert auf Professionalität und hält damit zwei Sterne im »Guide Michelin«. Es werden feinste Köstlichkeiten der »Nouvelle cuisine« serviert. Man kann auch an Kochkursen teilnehmen.
10, rue de l'Outre • Tel. 03 88 32 13 02 • www.au-crocodile.com • Reservierung empfohlen • So und Mo geschl. • €€€

L'Alsace à Table
▶ Klappe hinten, c 4
Fisch vom Feinsten • Auf der Karte stehen Meeresfrüchte und Austern

sowie Hummer aus dem Wasserbecken. Zu empfehlen ist der frische Lachs auf Sauerkraut. Auch die elsässischen Fleischgerichte werden mit viel Fingerspitzengefühl zubereitet. 8, rue des Francs-Bourgeois • Tel. 03 88 32 50 62 • www.alsace-a-table.fr • €€

L'Atelier du Gout
▶ grüner reisen, S. 19

Chez Yvonne ▶ Klappe hinten, d 3
Winstub seit 1873 • Das »Burjestuewel«, in der Nähe des Münsters zu finden, ist eine Institution. Freie Tische sind selten, doch die Wartezeit lässt sich bei einem Glas Wein überbrücken. Die Karte reicht von »foie gras« bis Kalbszunge, die Auswahl an Desserts verblüfft. 10, rue du Sanglier • Tel. 03 88 32 84 15 • www.chez-yvonne.net • tgl. geöffnet • €€

Maison Kammerzell
▶ Klappe hinten, d 4
Augen- und Gaumenschmaus • Das schönste Haus der Stadt birgt ein sehr gutes Restaurant. Der Chefkoch soll das Sauerkrautgericht mit Fisch erfunden haben. Elsässische, aber auch mediterran inspirierte Küche. 16, pl. de la Cathédrale • Tel. 03 88 32 42 14 • www.maison-kammerzell.com • Reservierung empfohlen • €€

Maison des Tanneurs
▶ Klappe hinten, b 4
Sauerkrautvariationen • Die »Gerwerstub« ist die erste Adresse für Sauerkrautgerichte. Wer in dem gemütlichen Gastraum einen Tisch am Fenster ergattert, hat einen herrlichen Blick auf die Ill.

42, rue du Bain-aux-Plantes (La Petite France) • Tel. 03 88 32 79 70 • www.maison-des-tanneurs.com • Reservierung empfohlen • So, Mo geschl. • €€

Ancienne Douane
▶ Klappe hinten, d 5
Schöne Aussicht • Das große, häufig von Touristen bevölkerte Lokal präsentiert sich im holzgetäfelten Stil einer Brasserie. Geboten werden traditionelle elsässische Gerichte, auch als üppiges Menü zusammengestellt. Die Terrasse bietet einen herrlichen Blick über die Ill. 6, rue de la Douane • Tel. 03 88 15 78 78 • www.anciennedouane.fr • €

Café Broglie ▶ Klappe hinten, d 3
Ideal für mittags • Die nette Brasserie im Jugendstil mit Terrasse ist Treffpunkt junger Berufstätiger. Mittags stehen kleine Mahlzeiten auf der Karte. Ecke Pl. Broglie/Rue du Dôme • Tel. 03 88 32 08 08 • tgl. 7.30 bis 21 Uhr, So geschl. • €

La Cloche à Fromage
▶ Klappe hinten, d 5
In dem kleinen Restaurant kann man seine Kenntnisse über französische Käse-Köstlichkeiten vertiefen. Auch Raclette und duftende Fondues. 27, rue des Tonneliers • Tel. 03 88 23 13 19 • www.cheese-gourmet.com • €

Flam's 🎎 ▶ Klappe hinten, d 4
Prima mit Kindern • Familien sind in der ungezwungenen Atmosphäre gut aufgehoben. Große Auswahl an Flammkuchen, die Preise sind moderat. Kindermenü. 29, rue des Frères • Tel. 03 88 36 36 90 • www.flams.fr • €

Im Restaurant Buerehiesel (▶ S. 59), wo Eric Westermann das Küchenzepter schwingt, werden Geschmackserlebnisse kreiert, die jeden Gast zum Wiederkommen bewegen.

Lohkäs ▶ Klappe hinten, a 4

Zum Abschluss ein Digestif • Hier kann man verschiedene Sauerkrautgerichte und Gänseleber nach Hausmacherart probieren. An den Wänden sind alle elsässischen Schnäpse (»eaux-de-vie«) aufgereiht.
25, rue du Bain-aux-Plantes (La Petite France) • Tel. 03 88 32 05 26 • Do, Fr mittags geschl. • €

Le Strissel ▶ Klappe hinten, d 5

Einfach, aber gut • Die traditionsreiche Weinstube wartet mit viel Lokalkolorit auf. Auf der Karte stehen Zanderfilet und »Choucroute«.
5, pl. de la Grande-Boucherie • Tel. 03 88 32 14 73 • www.strissel.fr • tgl. 11.30–23 Uhr • €

S' Thomas Stuebel ▶ Klappe hinten, b 4

In dieser heimeligen Weinstube gibt es schmackhafte elsässische Spezialitäten nach Großmutters Art. Beim Essen kann man die Dekoration mit Töpferwaren aus Betschdorf und Soufflenheim bewundern.

5, rue du Bouclier • Tel. 03 88
22 34 82 • So, Mo geschl. • €

EINKAUFEN

Viele Geschäfte in der Straßburger Altstadt sind am Montagvormittag geschlossen.

Arts et Collections d'Alsace

▶ Klappe hinten, d 5/e 4

Die Nachbildungen elsässischer Museumsstücke sind wertvolle Souvenirs: Schmuck, Tücher, Glaswaren, Backformen und Töpferwaren.
4, pl. du Vieux-Marché-aux-Poissons

La Boîte à Bougies

▶ Klappe hinten, d 3/4

Versteckt in einer kleinen Gasse bietet dieser Kunsthandwerker ausgefallene Kerzen.
4, rue du Sanglier

Cave historique des Hospices

▶ Klappe hinten, d 6

In diesem mittelalterlichen Weinkeller des städtischen Krankenhauses reifen auserlesene elsässische Weine in Eichenfässern. Besichtigung und Kauf der edlen Tropfen lohnen sich für Kenner und Genießer.
Pl. de l'Hôpital • Tel. 03 88
11 64 27

Chenkier Antiquité

▶ Klappe hinten, a 6

Der Antiquitätenladen bietet eine reichhaltige Auswahl an Stilmöbeln und elsässischen Bauernmöbeln.
18, rue des Glacières

Christian ▶ Klappe hinten, d 4

Große Auswahl an hausgemachten Kuchen, Torten, Croissants, Nougat, Schokolade und Quarksorbets.
10, rue Mercière

Faïencerie Petite France

▶ Klappe hinten, a 4

Traditionsgeschäft, das seit über 70 Jahren Kupferwaren, Fayencen und Zinnobjekte mit Straßburger Motiven verkauft.
23, rue du Bain-aux-Plantes

Foie gras Bruck

▶ Klappe hinten, a 1

Hier gibt es Gänse- und Entenleber in allen Variationen. Achtung: Das Wort »pâté« auf der Verpackung bedeutet Mischung. 100-prozentige Gänseleber ohne Zusätze heißt »foie gras«.
7, rue Friesé

Frick-Lutz ▶ Klappe hinten, d 4

Gehört mit Kirn zu den besten Feinkost-Spezialisten der Region mit ausgezeichneten Wurstwaren und Schinken im Teig (»jambon en croûte«).
16, rue des Orfèvres

Galerie Gourmandes

▶ Klappe hinten, a 1

Supermarkt mit hochwertigem Warensortiment, Wein und Käse.
Centre Halles • Pl. des Halles

Kirn ▶ Klappe hinten, b 4

Wird auch »Kaiser der Knackwürste« genannt. Der Feinschmeckertempel führt auch Sauerkraut und traumhafte Gänseleberpastete.
17-19, rue du 22 Novembre

Librairie Gangloff

▶ Klappe hinten, d 4

Die Buchhandlung bietet eine große Auswahl antiquarischer Bücher und seltener Ausgaben aus der Region, die »Alsatiques« genannt werden.
20, pl. de la Cathédrale

Marché de Producteurs

▶ Klappe hinten, östl. f 2

Wochenmarkt, der alles Mögliche bietet, von Bio-Kost über Milch, Fleisch, Käse, Blumen, Obst und Gemüse bis hin zu Korbwaren und Küchenutensilien.
Bd. de la Marne • Di und Sa 8–13 Uhr

Au Millésime ▶ Klappe hinten, d 3

Gut sortierte Weinhandlung, die Weine aus mindestens 300 sorgfältig ausgewählten Anbaugebieten führt.
7, rue Temple Neuf

Nicolas ▶ Klappe hinten, d 4

Hier findet man eine große Auswahl an erlesenen Schnäpsen, Weinen, Crémants und Champagner und dazu eine kompetente Beratung.
18, rue des Orfèvres

Vitrines d'Alsace

▶ Klappe hinten, d 4

Das noble Geschäft bietet eine große Auswahl an Produkten aus der Region: Geschirr und Gewürze, Bücher und Keramik ebenso wie Weine, Gänseleber und Crémant.
18, pl. de la Cathédrale

Louis Vuitton ▶ Klappe hinten, c 3

Der berühmte Koffermacher bietet sehr feine Qualität, man darf jedoch nicht auf die Preise schauen.
5, rue de la Mésange

AM ABEND

Les Aviateurs ▶ Klappe hinten, e 4

Eine beliebte Bar, die besonders gern von Singles besucht wird.
12, rue des Sœurs • tgl. 20–4 Uhr

Les Brasseurs ▶ Klappe hinten, e 4

Im Inneren der Kneipe schimmern die kupfernen Kessel der eigenen Brauerei. Die Einrichtung ist rustikal, das Essen deftig, die Atmosphäre zwanglos.
22, rue des Veaux

La Choucrouterie

▶ Klappe hinten, c 6

Kleines Regionaltheater mit Restaurant, das in einer ehemaligen Sauerkrautfabrik untergebracht ist. Beliebter, stimmungsvoller Treffpunkt lokaler Musiker und Künstler.
Finkwiller • 20, rue St-Louis • Tel. 03 88 36 07 28 • www.choucrouterie.com • Restaurant Sa mittags, So geschl.

Café de l'Opéra

▶ Klappe hinten, d 2

Jugendstileinrichtung und dezente klassische Hintergrundmusik.
19, Pl. Broglie (im Theater) • Mo geschl.

La Péniche ▶ Klappe hinten, a 5

Nette, stets gut besuchte Disco in einem Kahn mit viel Stimmung.
Ponts Couverts • Mo geschl. • Eintritt 18 €

SERVICE
AUSKUNFT

Agence de développement touristique du Bas-Rhin

▶ Klappe hinten, südl. b 6

8, rue Bartisch • Tel. 03 88 15 45 88 • www.tourisme67.com

Office de Tourisme de Straßbourg

www.otstrasbourg.fr
– 17, pl. de la Cathédrale • Tel. 03 88 52 28 28 ▶ Klappe hinten, d 4
– Pl. de la Gare (im Bahnhof) • Tel. 03 88 32 51 49 • tgl. 9–19 Uhr
▶ Klappe hinten, westl. a 3

ÖFFENTLICHE VERKEHRSMITTEL

Ein Busfahrplan der Compagnie de Transports Strasbourgeois (CTS) ist im Office de Tourisme erhältlich. Die Straßenbahn fährt durch das Zentrum und verbindet die Vororte mit der Stadtmitte. Die Fahrscheine gelten gleichermaßen für Bus und Tram.
www.cts-strasbourg.fr

STADTFÜHRUNGEN

Mit der Mini-Tram durch die Altstadt ▶ Klappe hinten, d 4

Entdeckungsreise durchs Herz der elsässischen Hauptstadt.
Pl. du Château • April–Okt. 9.30, 10 und 17 Uhr • Dauer 40 Min. •
Preis 5,30 €, Kinder 2,80 €

Rundgang durch die Altstadt
▶ Klappe hinten, c 4

17, pl. de la Cathédrale •
Dauer 1,5 Std. • Preis 6,80 €

Ziele in der Umgebung

◎ **Barr** ▶ S. 119, D 6
4400 Einwohner

Barr ist für seinen Weinmarkt im Juli und das Weinlesefest im Oktober bekannt. Sehenswert ist in der Altstadt das Renaissance-Rathaus. Barr gilt als das Zentrum des Weinanbaus im Unterelsass. Überragt wird das Städtchen von den Ruinen der Schlösser von Andlau, Landsberg und der Spesburg, allesamt lohnenswerte Ausflugsziele.
30 km südwestl. von Straßburg

◎ **Donon** ▶ S. 116, B 4

Der 1009 m hohe Gipfel des Donon-Berges gehört zu den beliebtesten Ausflugszielen in den mittleren Vogesen. Bei klarem Wetter hat man vom Gipfelplateau, wo sich Überreste eines kleinen römischen Tempels befinden, eine herrliche Rundsicht. In gallo-römischer Zeit war

Trutzig überragt das auf dem Mont Ste-Odile (▶ S. 65) gelegene Odilienkloster, der bedeutendste Wallfahrtsort des Elsass, das Rheintal.

der Donon ein wichtiges Heiligtum. Sein Name leitet sich vom keltischen Wort »Dun« ab, was so viel wie Berg bedeutet.

56 km westl. von Straßburg

◎ Klingenthal ▸ S. 119, D 6

1900 Einwohner

Das Dorf am Rande der Vogesen ist ein beliebtes Ausflugsziel für gestresste Straßburger auf der Suche nach frischer Luft, Bewegung und Entspannung. Von Klingenthal aus kann man verschiedene Wanderungen unternehmen.

20 km südwestl. von Straßburg

◎ Marlenheim ▸ S. 116, C 4

3000 Einwohner

Das Dorf, der nördlichste Ort an der 170 km langen Elsässer Weinstraße, ist am 15. August Schauplatz der symbolischen Hochzeit des Romanhelden »Ami Fritz« von Emile Erckmann und Alexandre Chatrian (1864). Mit einem großen Volksfest wird alljährlich die symbolische Vermählung dieses berühmten elsässischen Junggesellen gefeiert, der mit 35 Jahren doch noch dem Charme der 17-jährigen Suzel erliegt.

20 km westl. von Straßburg

ESSEN UND TRINKEN
Hostellerie du Cerf
Unvergesslich ist ein Besuch in diesem exquisiten Feinschmeckerlokal (auch Hotel).

30, rue du Général de Gaulle • Tel. 03 88 87 73 73 • www.lecerf.com • Reservierung empfohlen • Di und Mi geschl. • €€€

◎ Mont Ste-Odile ▸ S. 119, D 6

Der Odilienberg (763 m) mit dem Kloster der Schutzpatronin des El-

sass ist ein klassisches Wallfahrts- und Ausflugsziel. Im Jahr 700 hat hier Odilia, Tochter des Herzogs Eticho, ein Kloster gegründet. Zu besichtigen sind die Kreuzkapellen mit den sterblichen Überresten der Heiligen. Die Engelskapelle ist üppig mit Goldmosaiken ausgeschmückt. Sehenswert ist auch die über 10 km lange Heidenmauer (▸ S. 97), die um das Bergplateau führt und ein bedeutendes vorgeschichtliches Denkmal Frankreichs darstellt. Die gewaltige Schutzanlage ist keltischen Ursprungs.

43 km südwestl. von Straßburg • tgl. 8–21 Uhr

◎ Obernai ▸ S. 119, D 6

9000 Einwohner

Das Städtchen hat sein mittelalterliches Gepräge weitgehend bewahrt. Hier soll um 660 die hl. Odilia zur Welt gekommen sein. Eine besondere Sehenswürdigkeit ist der Sechs-Eimer-Brunnen (**Puits-aux-six-Seaux**), ein Renaissancekunstwerk von 1579.

30 km südwestl. von Straßburg

◎ Le Struthof ▸ S. 118, C 6

Das ehemalige **Konzentrationslager Natzweiler**, das einzige nationalsozialistische Konzentrationslager auf französischem Boden, liegt 8,5 km von Schirmeck entfernt. Etwa 10 000 Häftlinge kamen hier ums Leben. Baracken, Gaskammern, das Krematorium, ein Mahnmal und eine kleine Ausstellung sind der Öffentlichkeit zugänglich.

Natzwiller • www.struthof.fr • März, April, 16. Okt.–Dez. tgl. 9–17, Mai–15. Okt. tgl. 9–18.30 Uhr • Eintritt 6 €, Kinder 3 €

47 km südwestl. von Straßburg

Mittlere Vogesen
Im milden Klima des Mittleren Elsass gedeiht vorzüglicher Wein und überwintern die Störche. Weiler wie Colroy-la-Roche oder Illhaeusern verdanken ihren Ruf den dort ansässigen Gourmetköchen.

◄ Die mittelalterliche Haut-Kœnigsbourg (► S. 71), die mächtigste Burg im Elsass, thront erhaben auf einem Bergkegel.

Östlich von Sélestat erheben sich die Vogesen auf über 1000 m Höhe. Ihre Gipfel schützen das Elsass vor kalten Winden und tragen zum milden Klima der Region bei. Auf den vorgelagerten Hügeln gedeiht der Wein. Herausgeputzte Dörfer wie Ribeauvillé liegen an diesem Abschnitt der elsässischen Weinstraße, die von Marlenheim bis Thann reicht. Hier kann man bei einem der Spitzenköche des Elsass schlemmen oder die Störche über die Wiese waten sehen.

Nördliche Vogesen

Straßburg und Umgebung

Mittlere Vogesen

Südliche Vogesen

Sélestat ► S. 119, D 7

19 200 Einwohner
Stadtplan ► S. 69

Einst war Sélestat ein Zentrum der Gelehrsamkeit. Die Schlettstädter Lateinschule war am Ende des Mittelalters Mittelpunkt des neu erwachten Geisteslebens und zog Schüler und berühmte Gelehrte aus weit entfernten Regionen an. Jakob Wimpheling (1450–1528), Beatus Rhenanus (1485–1547) und der Reformator Martin Bucer (1491–1551) gingen aus dieser Schule hervor. In der **Humanistischen Bibliothek** ist bis heute eine bemerkenswerte Sammlung alter Manuskripte erhalten geblieben. Dort ist auch das Originaldokument des städtischen Rechnungsbundes aus dem Jahr 1521 aufbewahrt, aus dem erstmals hervorgeht, dass ein Christbaum eigens für Weihnachten geschmückt worden war. Voller Stolz wird Sélestat als die Wiege des Weihnachtsbaumes gerühmt.
Einen Besuch lohnt die Altstadt mit der romanischen Kirche Ste-Foy.

SEHENSWERTES

Château d'Eau ► S. 69, westl. a 2

Der Wasserturm am Stadtrand wurde 1905 während der deutschen Epoche erbaut.
Pl. du Général de Gaulle

WUSSTEN SIE, DASS …

… die Vorberge der Vogesen auch »Piemont der Vogesen« heißen? Die hohen Gipfel schützen sie vor Regen, so können unter sonnigen Bedingungen die Reben gedeihen.

Cour des Prélats ► S. 69, b 2

Der Prälatenhof aus dem Jahr 1541 ist das ehemalige Quartier der Benediktinermönche von Ebersmünster und gilt als das schönste Renaissancebauwerk der Stadt.
Rue de l'Eglise/Rue du Sel

Église Ste-Foy ► S. 69, b 2

Die Eleganz der romanischen Kirche aus dem 12. Jh. ist darauf zurückzuführen, dass sie »aus einem Guss« innerhalb von 15 Jahren errichtet

wurde. Die Krypta ist dem Heiligen Grab in Jerusalem nachgebildet.
Pl. du Marché Vert

Maison Billex ▶ S. 69, c 2

In dem Renaissancegebäude von 1615 wurde Ludwig XIV. am 14. Oktober 1681 anlässlich der Anbindung Straßburgs an Frankreich von den Stadtvätern empfangen. Beachtlich ist der Giebel mit dem zweistöckigen Erker.
Pl. du Marché-aux-Choux

Maison du Pain d'Alsace
▶ S. 69, b 2

Im elsässischen »Brothaus« lernt man einiges über das Bäckerhandwerk und das Brotbacken.
Rue du Sel • www.maisondupain.org

Tour de l'Horloge ▶ S. 69, b 3

Der Turm aus dem Jahr 1280 war ursprünglich eines der vier Stadttore.
Rue du Président Poincaré/
Rue des Chevaliers

Tour des Sorcières ▶ S. 69, c 2

Der »Hexenturm« aus dem Jahr 1216 ist einer der 38 Stadttürme, die früher Sélestat umgrenzten. Im 17. Jh. diente er als Gefängnis für Frauen, die man wegen Hexerei verurteilt hatte.
Rue de la Grande Boucherie

MUSEEN
Humanistische Bibliothek
▶ S. 69, b 2

In einer ehemaligen Kornhalle aus dem 19. Jh. sind etwa 3000 Kostbarkeiten aufbewahrt. Die Humanistische Bibliothek besteht aus zwei Büchersammlungen. Die eine ist die Privatbibliothek des Humanisten Beatus Rhenanus (1485–1547), der seine Sammlung von 760 Bänden seiner Vaterstadt vermachte, die andere die Pfarrbibliothek der Humanistenschule. Die Sammlung gibt einen faszinierenden Überblick über das Schrifttum von merowingischen und karolingischen Prachthandschriften bis hin zu frühen Drucken aus dem Elsass.
Rue de la Bibliothèque •
www.bh-selestat.fr • Mo, Mi–Fr 9–12, 14–17, Sa 9–12 Uhr •
Eintritt 3,90 €, Kinder 2,40 €

SPAZIERGANG
Stadtplan ▶ S. 69

Ausgangspunkt ist das Office de Tourisme am Boulevard du Général Leclerc, das im restaurierten Ritterhof des Johanniterordens aus dem Jahr 1410 untergebracht ist. Über die Rue du Vieux-Marché-aux-Vins erreicht man die Place Gambetta, wo die **Humanistische Bibliothek** liegt. Weiter geht es die Rue du Sel mit dem »**Brothaus**« entlang, vorbei an der bilderbuchartigen Rückfront des Prälatenhofes (**Cour des Prélats**) bis zur Pfarrkirche **St-Georges** am gleichnamigen Platz. Über die Rue de la Grande Boucherie, an der der **Hexenturm** liegt, geht es zur Place du Marché aux Choux mit dem **Billex-Haus**. Nächste Station ist der Fischmarkt (**Place du Marché Vert**) mit der romanischen Kirche **Ste-Foy**. Über die Rue du Marteau rechter Hand und die Rue des Prêcheurs wieder rechts gelangt man in die Rue des Clefs, wo die Fußgängerzone beginnt. In der Rue de Verdun rechter Hand kommt man am Haus des Stadtarchitekten E. Ziegler (Nr. 18) vorbei, der dieses schöne Renaissancegebäude um 1540 schuf. An der Place du Marché aux Pots liegt die **Kirche des Franziskanerklosters.**

Über die Rue des Franciscains kehrt man zum Ausgangspunkt zurück. Dauer: etwa 45 Min.

ÜBERNACHTEN

Auberge des Alliés ▶ S. 69, b 3

Mit Familienzimmern • Kleines, hübsches Hotel im Zentrum mit einem guten Restaurant. Für Familien gibt es in den Ferien Pauschalpreise (Halbpension).
39, rue des Chevaliers • Tel. 03 88 92 09 34 • www.auberge-des-allies.com • 17 Zimmer • ♿ • €€

Hotel de l'Illwald ▶ S. 119, D 7

Ländlich-rustikal • In einem Landgut befindet sich dieses Hotel. Die Gaststube ist gemütlich und mit viel Holz eingerichtet.

Le Schnellenbuhl • Tel. 03 90 56 11 40 • www.illwald.fr • 16 Zimmer • ♿ • €€

Vaillant ▶ S. 69, a 3

Wellness • Modernes Hotel mit guter Küche und geschmackvoll eingerichteten Zimmern. Zum Angebot gehören auch Fitnessraum und Wellness-Hydromassage.
Pl. de la République • Tel. 03 88 92 09 46 • www.hotel-vaillant.com • 47 Zimmer • ♿ • €€

ESSEN UND TRINKEN

Abbaye de la Pommeraie
▶ S. 69, a 2

Gehobenes Niveau • Restaurant mit Anspruch an Küche und Service, in einer ehemaligen Abtei.

8, bd. du Maréchal Foch • Tel. 03 88 92 07 84 • www.pommeraie.fr • So abends, Mo mittags geschl. • €€

La Vieille Tour   ▸ S. 69, a/b 2

Winstub mit Turm • Der »alte Turm« bietet eine sehr gute traditionelle Küche sowie asiatisch inspirierte Küche in einem eher rustikalen Ambiente.
8, rue de la Jauge • Tel. 03 88 92 15 02 • www.vieille-tour.com • Mo geschl. • Reservierung empfohlen • €€

Au Bon Pichet   ▸ S. 69, c 2

Schlicht und solide • Im holzgetäfelten Gastraum wird solide elsässische Kost aufgetischt.
10, pl. du Marché-aux-Choux • Tel. 03 88 82 96 65 • Mo abends geschl. • €

EINKAUFEN

Haubensack   ▸ S. 69, b 3

Ein ausgezeichneter Metzger, der für seine vorzüglichen Fleischpasteten bekannt ist.
13, rue du Président Poincaré

SERVICE

AUSKUNFT

Office de Tourimse Sélestat   ▸ S. 67, b 1

Bd. du Général Leclerc • Tel. 03 88 58 87 20 • www.selestat-tourisme.com

TAXI

Tel. 03 88 92 10 55

Ziele in der Umgebung

◎ **Colroy-la-Roche**   ▸ S. 118, C 6

Im lieblichen Tal des Flusses Bruche liegt dieses Dorf nordwestlich von Sélestat. Nach Colroy-la-Roche verirren sich nur wenige Touristen, hierher fahren in erster Linie begüterte Feinschmecker, denn hier haben sich einige Spitzenköche angesiedelt.
30 km nordwestl. von Sélestat

ÜBERNACHTEN/ ESSEN UND TRINKEN

La Chenaudière

Eleganz auf dem Land • In diesem Luxushotel mit Spitzenrestaurant übernachtet man exklusiv und speist ausgezeichnet. Herrlicher Blick auf die Umgebung. Entspannung findet man beim Golf.
Rue Principale • Tel. 03 88 97 61 64 • www.chenaudiere.com • 32 Zimmer • ♿ • €€€

Neuhauser   ▸ S. 118, C 6

Hauseigene Brennerei • Nördlich von Colroy-la-Roche, ca. 5 km von Schirmeck entfernt, liegt dieses gepflegte kleine Haus mitten im Wald. Es wartet mit Schwimmbad, Schnapsbrennerei, gemütlichen Zimmern und stilvollem Restaurant auf.
Les Quelles, Schirmeck • Tel. 03 88 97 06 81 • www.hotel-neuhauser.com • 15 Zimmer • Reservierung empfohlen • €€

◎ **Ebersmünster**   ▸ S. 119, D 7

440 Einwohner

Schon von Weitem erblickt man die Zwiebeltürme der einzigen elsässischen **Barockkirche** (1727) in Ebersmünster. Sie ist ein Werk des Vorarlberger Baumeisters Peter Thumb, der auch die Klosterkirchen St. Peter im Schwarzwald und St. Gallen in der Schweiz geschaffen hat. In der Kirche befindet sich eine Silbermannorgel von 1730. Hier finden auch Orgelkonzerte statt.
9 km nördl. von Sélestat

Die Humanistische Bibliothek (▶ S. 68) in Sélestat birgt unvorstellbare Kostbarkeiten, darunter prachtvolle Schriften aus merowingischer und karolingischer Zeit.

◎ Haut-Kœnigsbourg ⚡ ⛺ (Hohkönigsburg)   ▶ S. 118, C 7

Diese mächtigste aller elsässischen Ritterburgen ließ Kaiser Wilhelm II. zu der Zeit restaurieren, als Elsass-Lothringen zu Deutschland gehörte. Bei der Besichtigung der Anlage im Stil des 15. Jh. mit dreifacher Mauer, Wachtürmen und Gräben durchstreift man Wohnräume mit Möbeln aus dem 15. und 16. Jh., eine zweistöckige Kapelle, einen Rittersaal mit Wandmalereien, ein Jagdzimmer und einen Waffensaal. Die Geweihe an den Wänden hat Kaiser Wilhelm selbst erbeutet, allerdings im Schwarzwald. Der Kaiser soll für den Neubau zwischen 1900 und 1908 vier Millionen deutsche Reichsmark ausgegeben haben, nachdem die Stadt Sélestat ihm die Ruine der alten Stauferburg geschenkt hatte. Die Anlage auf einem 270 m langen Felsenrücken in 757 m Höhe ist schon von weither an ihren markanten Türmen zu erkennen.

www.haut-koenigsbourg.fr • Jan., Feb., Nov., Dez. tgl. 9.30–12 und 13–16.30, März, Okt. 9.30–16.30, April, Mai, Sept. 9.30–17, Juni–Aug. 9.15–17.15 Uhr • Eintritt 7,50 €, Kinder frei

12 km westl. von Sélestat

◎ Illhaeusern   ▶ S. 119, D 7

600 Einwohner

Nicht Landschaft oder Ortsbild haben dem Dorf an der Elsässer Weinstraße zur Bekanntheit verholfen, sondern die dort ansässige Spitzengastronomie. Wer Illhaeusern besucht, tut es des Schlemmens wegen.

13 km südl. von Sélestat

ESSEN UND TRINKEN

Auberge de l'Ill

Topniveau • Der Gourmettempel der Familie Haeberlin, eines der landesweit berühmtesten Restaurants, wartet mit einem herrlichen Terrassengarten an der Ill auf. Feinschmecker kommen von weit her, um die nuancenreiche und mit drei Michelin-Sternen gekrönte Kochkunst zu genießen. Ebenso exzellent sind die Weine. Die Preise entsprechen der Qualität.

2, rue de Collonges au Mont d'Or • Tel. 03 89 71 89 00 • www.auberge-de-l-ill.com • Mo, Di geschl. • €€€€

 Ribeauvillé   ▶ S. 118, C 7

4600 Einwohner

Das malerische Städtchen ist nach dem Dorf Riquewihr der schönste

---

MERIAN-Tipp   ⭐ 7

DISTILLERIE JEAN PAUL METTÉ
▶ S. 118, C 7

In Ribeauvillé ist die legendäre Brennerei von Jean-Paul Metté ansässig. Metté experimentiert mit verschiedensten, zum Teil sehr außergewöhnlichen Aromen. Beeindruckend ist die Vielfalt seines Sortiments, das weit über die Standardsorten Kirsch und Mirabelle hinausgeht. So finden sich etwa auch Sorten wie Kaffee Arabica, Königskerze, Trüffel, Pfeffer oder Orange. Wer dem Meister der edlen Tropfen über die Schulter schauen möchte, kann an einer Besichtigung teilnehmen.
Ribeauvillé, 9, rue des tanneurs • Tel. 03 89 73 65 88 • www.distillerie-mette.com • Besichtigung nach tel. Voranmeldung, Dauer etwa 90 Min. mit Verkostung • Eintritt 5 €, bei Kauf frei

---

Ort an der Weinstraße und in der Saison leider entsprechend überlaufen. Die Grand'Rue, die die ganze Stadt durchzieht, bietet mit dem Metzgerturm (**Tour des Bouchers**) und dem davor liegenden Marktplatz ein fantastisches Stadtbild. Hoch her geht es am historischen Festtag der Spielleute, dem »Pfifferdaj«, am ersten Sonntag im September (▶ S. 25). In der Hauptstraße (Nr. 14) steht das »Pfifferhüs« aus dem 17. Jh., das ehemalige Gildenhaus der Spielleute. Die Herren von Rappoltstein, die im Mittelalter Ribeauvillé beherrschten, waren Inhaber des Pfeiferkönigtums, eines Reichslehens, das ihnen die Spielleute und das fahrende Volk unterstellte.

15 km südl. von Sélestat

◎ **Ste-Marie-aux-Mines**
▶ S. 118, C 7

5900 Einwohner

Hobby-Geologen und Mineraliensammler werden in der ehemaligen Silberbergwerkstadt Ste-Marie-aux-Mines fündig. Dort gibt es ein Bergwerksmuseum, außerdem sind zwei ehemalige Silberminen zu besichtigen: Die **Mine d'Argent St-Barthélémy** aus dem 16. Jh. wurde für Besucher restauriert und beleuchtet, die **Mine St-Louis** wurde im Ursprungszustand belassen.

20 km westl. von Sélestat

MUSEEN

Maison de Pays

Das Museum dokumentiert mit Mineralien und Ausstellungsstücken Leben und Arbeit der Bergleute.
Pl. du Prensureux • www.musees-valdargent.fr • Juni–Sept. tgl. 10–13, 14–19 Uhr • Eintritt 5,50 €, Kinder 3 €

ABENTEUER AUS ERSTER HAND.

Südliche Vogesen
Viele Besucher sehen im Département Haut-Rhin mit der Hauptstadt Colmar das »typische« Elsass. Die Altstadt mit ihren Fachwerkhäusern, verwinkelten Gassen und Weinstuben ist ein wahres Kleinod.

◄ Die mittelalterliche Altstadt von Colmar (► S. 75) bezaubert mit ihrem Fachwerk-Flair.

Der Hauptkamm der Vogesen verläuft im Süden des Elsass. Die in der Eiszeit rundlich geschliffenen Berge tragen oft den Zusatz »Ballon« im Namen, wie der 1424 m hohe Grand Ballon. Der Naturpark Parc Naturel Régional des Ballons des Vosges umfasst einen guten Teil des Landstrichs mit ausgedehnten Wäldern und Bergseen. Im Winter gleiten die Skifahrer über die Pisten, im Sommer pilgern Tausende durch die Museen von Colmar und Mulhouse.

Nördliche Vogesen

Straßburg und Umgebung

Mittlere Vogesen

Südliche Vogesen

Colmar

► S. 118, C 8

67 000 Einwohner

Stadtplan ► S. 77

Colmar ist nach Straßburg und Mülhausen die drittgrößte Stadt des Elsass und liegt etwa auf halbem Weg zwischen beiden Metropolen. Colmar profitiert von seiner Lage am Fuß (und im Regenschatten) der Vogesen, die ein relativ trockenes und sonniges Klima zur Folge hat.

Die Stadt an der Lauch besitzt eine verführerische Altstadt: La Petite Venise, Klein-Venedig, mit hübschen Bootshäusern und schattigen Trauerweiden direkt am Wasser. Dieses mittelalterliche Stadtviertel Colmars, das nach einer geglückten Sanierung im traditionellen Baustil eine europäische Goldmedaille für Denkmalpflege erhielt, repräsentiert für viele das typische Elsass mit Fachwerkhäusern, Brunnen, Erkern und Türmchen.

Colmar ist auch die Hauptstadt des elsässischen Weins, in der das Informationszentrum für elsässischen Wein (CIVA) seinen Sitz hat.

SEHENSWERTES

Ancien Corps de Garde ► S. 77, b 2

Schräg gegenüber dem Münster steht die Stadtwache aus dem Jahr 1575 mit Renaissanceportal und einem mit Masken und Säulen verzierten Erker. Von diesem Balkon wurden im Mittelalter die Entscheidungen des Magistrats verkündet. Pl. de la Cathédrale

Ancienne Douane ► S. 77, b/c 3

Das zweistöckige alte Zollhaus mit bunt glasiertem Ziegeldach stammt aus dem Jahr 1480. Es diente in früheren Jahrhunderten als Warenlager und bisweilen als Gerichtssaal. Heute wird das Gebäude für Ausstellungen benutzt. Auf dem gleichnamigen Platz steht der von Auguste Bartholdi geschaffene Schwendi-Brunnen. Pl. de l'Ancienne Douane

Champs de Mars ► S. 77, a 3

Dieser große Park außerhalb der Altstadt wurde Anfang des 19. Jh. am Rand der mittelalterlichen Stadtbefestigung angelegt. In der Mitte der öffentlichen Grünanlage steht das 1864 von Auguste Bartholdi geschaffene Denkmal des Colmarer Admirals Bruat, der als Kommandant der französischen Flotte im Krim-Krieg (1853–1856) gekämpft hatte.

Av. de la République

Église des Dominicains

▸ S. 77, b 2

Im Chor der Dominikanerkirche ist in einem Altarschrein das nach dem Isenheimer Altar zweite bedeutende Kunstwerk Colmars ausgestellt, das Gemälde der »Madonna im Rosenhag« von Martin Schongauer (1445–1491). Der Sohn eines aus Augsburg nach Colmar übersiedelten Goldschmieds schuf dieses Meisterwerk mit nur 28 Jahren. Maria in einem roten Gewand mit dem Jesuskind im Arm ist vor dem Hintergrund eines Rosengartens dargestellt. Schongauer gilt als bedeutendster Maler und Kupferstecher vor Albrecht Dürer. Die Kirche, größtenteils im 14. Jh. vollendet, besitzt herrliche Buntglasfenster aus dem 14. und 15. Jh. Chorgestühl und Altäre stammen aus dem Augustinerstift Marbach, das Chorgitter aus der Zisterzienserabtei Paris.

Pl. des Dominicains • tgl. 10–13 und 15–18 Uhr

Fontaine Roesselmann

▸ S. 77, b 4

Dieser von Bartholdi 1888 geschaffene Brunnen erinnert an den Schultheißen Johannes Roesselmann, der im 13. Jh. die Freiheit Colmars gegen den Straßburger Bischof verteidigte.

Pl. des Six-Montagnes-Noires

Fontaine du Vigneron   ▸ S. 77, c 3

Der Winzerbrunnen von Bartholdi steht unweit des Gerberviertels an der Ecke Rue des Vignerons/Rue des Écoles.

Krutenau/Petite Venise ⑥

▸ S. 77, b/c 4

Die an der Lauch gelegene Krutenau (von Kräuterau), das historische Viertel der Kleingärtner, das auch Petite Venise, Klein-Venedig, genannt wird, ist die Hauptattraktion der Stadt. Die Rue Turenne ist die Hauptstraße des Viertels. Von der Lauch-Brücke hat man den besten Blick auf Petite Venise mit den Gärten und malerischen Häusern.

Maison Pfister   ▸ S. 77, b 2/3

Das Pfisterhaus, das ein wohlhabender Hutmacher 1537 erbauen ließ, gilt als das schönste Haus Alt-Colmars. Die Fassadenmalereien stellen biblische Szenen dar.

Rue des Marchands

Maison des Têtes
(Haus der Köpfe)   ▸ S. 77, b 2

Die Fassade aus dem Jahr 1608 wird von etwa 100 Kopfmasken an Erkern und Fenstern geschmückt. Im Inneren dieses eindrucksvollen Renaissancebaus befindet sich ein sehr gutes Restaurant (▸ S. 82).

19, rue des Têtes

Quartier des Tanneurs

▸ S. 77, b/c 3

Durch das einstige Gerberviertel führt die Rue des Tanneurs am Kanal vorbei, wo im Mittelalter die Gerber ihre Felle im Fluss wuschen und in den offenen Dachluken zum Trocknen auslegten. Die hauptsächlich aus dem 17. und 18. Jh. stammenden Häuser wurden sorgfältig restauriert. Nr. 8 und Nr. 10 in der Rue des Tanneurs stammen sogar aus dem 16. Jh. Besonders malerisch ist die parallel verlaufende kleine Fußgängerstraße Petite Rue des Tanneurs.

St-Martin ▶ S. 77, b 2

Die Martinskirche oder das »Martinsmünster«, errichtet zwischen 1230 und 1400, ist ein unverwechselbarer Bau mit buntem Ziegeldach und Renaissanceturmhaube, die 1575 nach einem Brand eigentlich als Provisorium aufgesetzt wurde. Im Außenbogen des Südportals hat sich in der vierten Figur von links »Maistres Humbret«, der wichtigste Bauherr der Kirche, selbst verewigt. Die ehemalige Stiftskirche beeindruckt durch ihre Dimensionen von 78 m Länge, 34 m Querschiffbreite und 20 m Gewölbehöhe. Von der heute eher bescheidenen Innenausstattung sind an der Nordseite die Glasfenster aus dem 13. und 14. Jh. hervorzuheben. Auch der Orgelprospekt von 1755 ist bemerkenswert.

Pl. de la Cathédrale

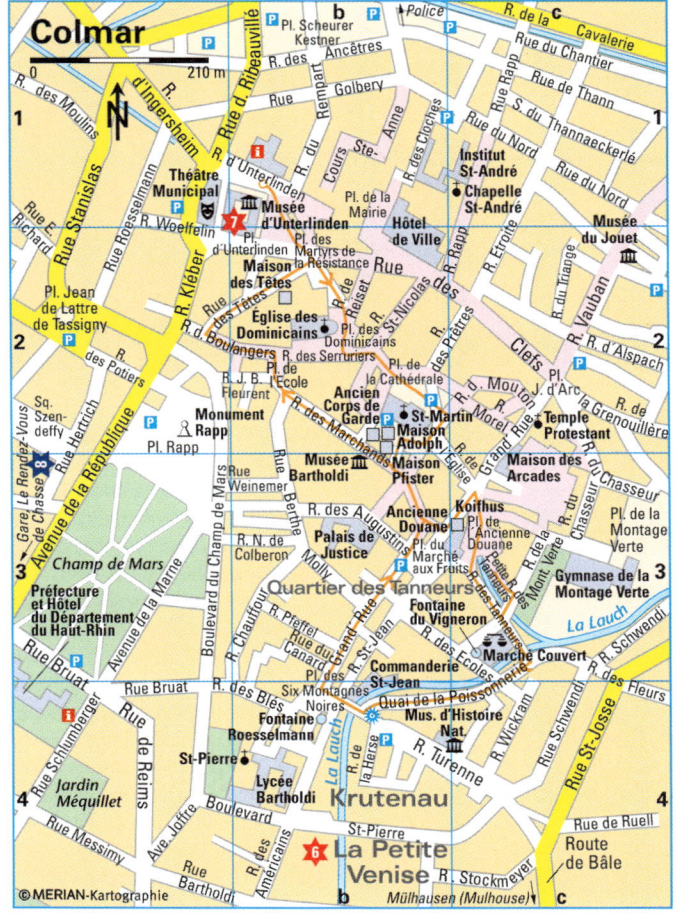

Im Fokus

Isenheimer Altar Kunst von Weltruf:
Leid und Grauen, Triumph und Verklärung. Der Suggestion
des Altars kann sich kaum ein Betrachter entziehen.

Mathis Gothart-Nithart, besser bekannt als Matthias Grünewald, erhielt 1510 einen Arbeitsauftrag: Der Abt des Antoniterklosters in Isenheim, Guido Gersi, wollte, dass der Maler den geschnitzten Altarschrein seines Klosters mit Bildern ergänzte. Die beiden Männer hielten detailliert fest, welche Themen, welche Szenen der Maler auf den Holztafeln darstellen sollte.

Der Maler

Dabei hatte der Abt nicht irgendwen ausgesucht. Matthias Grünewald zählte neben Albrecht Dürer zu den bedeutendsten Malern seiner Zeit. Über sein Leben ist heute nur wenig bekannt, schon sein Geburtsdatum wird unterschiedlich angegeben. Er wurde vermutlich in Würzburg geboren und arbeitete seit 1508 für den erzbischöflichen Hof in Mainz. Seine Arbeit für Isenheim war um das Jahr 1516 beendet. Matthias Grünewald hatte mit dem **Isenheimer Altar** 7 ein bedeutendes Werk geschaffen.

Das Werk

Der große Flügelaltar mit zwei feststehenden und vier aufklappbaren Flügeln zeigt im geschlossenen Zustand die Kreuzigung und Grablegung sowie die beiden Heiligen Antonius und Sebastian. Nach der ersten Öffnung erscheint als Mittelbild die Geburt Christi, links die Verkündigung

◄ Der Isenheimer Altar (► S. 78) offenbart das Engelskonzert und Maria mit dem Jesuskind.

Marias, rechts die Auferstehung Christi. Die innersten Flügelgemälde zeigen die Versuchung des Antonius und das Gespräch des Antonius mit dem Einsiedler Paulus.

Der Schmerz

Voller Ausdruckskraft ist die Kreuzigungsszene: Johannes der Täufer zeigt mit überlangem Finger auf den gekreuzigten Jesus: ein toter Mensch, sein Kopf zur Seite gesunken, die Hände noch im grausamen Schmerz der eingeschlagenen Nägel verkrampft. Unfassbar der Anblick der gegeißelten Haut. Dornen stecken darin, sie ist übersät mit kleinen, roten Wunden. Ein Anblick, der selbst 500 Jahre später, im Zeitalter computeranimierter Bilder, die Betrachter mit unglaublicher Wucht trifft.

Die Ordensbrüder im Antoniterkloster, für das der Altar gefertigt wurde, pflegten Kranke, die unter der Vergiftung mit dem Mutterkorn litten. Dieses entsteht, wenn das reifende Getreide ein giftiger Schlauchpilz befällt. Vor allem Roggen war im Mittelalter damit verseucht. Fatal, wenn die Menschen sich überwiegend von Brot und Getreidegrütze ernähren. Eine Folge der lebensgefährlichen Erkrankung waren neben schmerzhaften Krämpfen zahlreiche offene Geschwüre der Haut. Genau diejenigen, die an der damals Antoniusfeuer genannten Vergiftung litten, sahen in Isenheim den Altar und den toten Sohn Gottes, wie ihn Matthias Grünewald gemalt hatte. Sie konnten mit ihm fühlen, sah ihre Haut aufgrund der Symptome doch ebenfalls schrecklich aus. Aber was zählten die eigenen Beschwerden angesichts seiner Todesqualen? Sein Leid schien übermenschlich.

Mit dem Übermenschlichen verweist Grünewald bereits auf das Thema des geöffneten Altarschreins.

Die Freude

An hohen Feiertagen wie Ostern und Weihnachten wurde im Antoniterkloster der einmal geöffnete Altarschrein gezeigt: Der Erzengel verkündet Maria die Geburt des Kindes. Ein Engelskonzert spielt zur Geburt Christi und schließlich die gloriose Auferstehung von den Toten. Es leuchtet und glänzt in schimmernden Rot- und Gelbtönen. Marias blonde Locken fließen weich über ihr dunkles Kleid, der Christus der Auferstehung löst sich förmlich auf in einem Schein aus orange-goldenem Licht. Diese Seite des Isenheimer Altars versetzt die Betrachter in eine festliche Stimmung, macht sie zu Zeugen freudiger Ereignisse. Jesus tritt ein in den Bereich des Irdischen und des Überirdischen.

Wurde der Altar ein zweites Mal aufgeklappt, war u. a. die »Versuchung des heiligen Antonius« zu sehen. Betrachtet man eine der am Boden liegenden Gestalten genauer, kann man sogar an ihr die Zeichen der Mutterkornvergiftung erkennen, etwa die Hautgeschwüre und der geblähte Bauch. Von den dämonischen Gestalten geht faszinierender Schrecken aus. Im Zusammenhang mit den anderen Holztafeln des Altars gesehen führt der Maler die Mächte des Himmels und der Hölle nicht nur vor. Er macht sie spürbar. Matthias Grünewald hat es verstanden, mit seinen Altarbildern unmittelbare Gefühle auszulösen – mit Pinseln und Farben, zuverlässig über Jahrhunderte hinweg.

MUSEEN

Musée animé du Jouet 👦👧

▸ Familientipps, S. 29

Musée Bartholdi ▸ S. 77, b 3

Das Geburtshaus des Bildhauers Frédéric Auguste Bartholdi (1834–1904) ist eine Residenz aus dem 18. Jh., in der der Schöpfer der New Yorker Freiheitsstatue seine früheste Kindheit verbrachte. In dem Museum sind Zeichnungen und Modelle seiner Werke zu sehen.

30, rue des Marchands •
Tel. 03 89 41 90 60 • www.musee-bartholdi.com • März–Dez. tgl. außer Di 10–12, 14–18 Uhr • Eintritt 4,40 €, Kinder ab 12 Jahren 2,80 €

Musée d'Unterlinden ▸ S. 77, b 1

In der Kapelle dieses ehemaligen Dominikanerinnenklosters steht der berühmte **Isenheimer Altar** (▸ Im Fokus, S. 78) von Matthias Grünewald (ca. 1470–1528), der zu den führenden Künstlern seiner Zeit gehörte. Sein Meisterwerk schuf er ursprünglich für ein Kloster in Isenheim.

Man sollte nicht den Rundgang um den Altar versäumen, da die Flügel von beiden Seiten bemalt sind. Es gibt unzählige Darstellungen der Kreuzigung, doch kaum eine, die derart fesselt. In der Kapelle befindet sich auch der **Passionsaltar** aus dem Atelier Martin Schongauers.

Das Colmarer Unterlinden-Museum ist nach dem Louvre in Paris eines der meistbesuchten Museen ganz Frankreichs.

1, rue d'Unterlinden •
Tel. 03 89 20 15 58 • www.musee-unterlinden.com • Nov.– April tgl. außer Di 9–12 und 14–17, Mai–Okt. tgl. 9–18 Uhr • Eintritt 8 €, Kinder 6 €

SPAZIERGANG

Stadtplan ▸ S. 77

Ausgangspunkt ist das Office de Tourisme an der Rue d'Unterlinden. Sie überqueren die Place d'Unterlinden und kommen zur Place des Martyrs de la Résistance, wo die Fußgängerzone beginnt. Rechter Hand liegt die **Dominikanerkirche**, der Weg führt geradeaus zur Place de la Cathédrale, wo neben der **Martinskirche** die **alte Stadtwache** und das **Haus Adolph** zu sehen sind. Dies ist das älteste Wohnhaus der Stadt, das noch gotische Fenster hat. An der Seite der Rue des Marchands liegen das **Pfisterhaus** und das **Bartholdi-Museum**, das Geburtshaus des berühmten Künstlers. Sie folgen der Rue des Marchands nach links und kommen zum **Koifhus** an der Place de l'Ancienne Douane. Die Rue des Tanneurs führt dann ins Zentrum des ehemaligen Gerberviertels.

Lohnend ist ein kleiner Abstecher nach links. Folgen Sie der Rue de la Montagne Verte und biegen nach der Brücke gleich links in die Petite Rue des Tanneurs ein. Wieder auf der Rue des Tanneurs, kommen Sie rechts über den Quai de la Poissonnerie zur Brücke über die Lauch in die Rue Turenne, von wo aus Sie einen schönen Blick über Klein-Venedig haben.

Am **Rösselmann-Brunnen** auf der Place des Six-Montagnes-Noires biegen Sie rechts in die Grand'Rue, gehen weiter durch die Rue des Marchands, über die Place de l'École in die Rue des Boulangers. Am Ende dieser Straße geht es rechts in die Rue des Têtes, vorbei am bemerkenswerten **Haus der Köpfe**. Die Straße mündet auf die Place d'Unterlinden. Dauer: ca. 1,5 Std.

Außen Renaissance, innen Avantgarde: Dem Hotel Le Colombier (▶ S. 81) in Colmar sieht man sein cooles Interieur gewiss nicht auf den ersten Blick an.

ÜBERNACHTEN

Amiral ▶ S. 77, a 3

Historisches Gemäuer • Komfortables Haus in einer Mälzerei aus dem 19. Jh. Es liegt zwischen Fußgängerzone und der Place Rapp. Originelle Zimmer, zum Teil mit offenem Mauerwerk und offenen Decken.
11a, bd. du Champ de Mars • Tel. 03 89 23 26 25 • www.hotel-amiral-colmar.com • 47 Zimmer • ♿ • €€€

Le Colombier ▶ S. 77, b 4

Cooles Design • Sorgsam restauriertes Renaissancegebäude in Petite Venise, ausgestattet mit Designer-Möbeln und allem Komfort.
7, rue Turenne • Tel. 03 89 23 96 00 • www.hotel-le-colombier.fr • 28 Zimmer • ♿ • €€€

St-Martin ▶ S. 77, c 3

Gehobener Landhausstil • Zentral gelegenes Haus mit hübschem Innenhof. Die Zimmer sind plüschig-elegant möbliert.
38, Grand'Rue • Tel. 03 89 24 11 51 • www.hotel-saint-martin.com • 40 Zimmer • €€€

Rapp'Hôtel ▶ S. 77, b 3

Sportmöglichkeiten • Hotel mit Schwimmbad und Sauna, Hamam und Fitnessraum; nahe der Fußgängerzone. Gemütliches Restaurant.
1–5, rue Weinemer • Tel. 03 89 41 62 10 • www.rapp-hotel.com • 38 Zimmer • €€

Turenne ⅋ ▶ S. 77, c 4

Gutes Preis-Leistungs-Verhältnis • Modernes Hotel am Rand der Altstadt, unweit von La Petite Venise. Es gibt komfortable Zimmer für Raucher und Nichtraucher.
10, route de Bâle • Tel. 03 89 21 58 58 • www.turenne.com • 83 Zimmer • €€

ESSEN UND TRINKEN

Le Rendez-vous de chasse

▶ S. 77, westl. a 3

Frau im Sternenhimmel • Die Küchenchefin Michaela Peters erhielt für ihre Variationen der Regionalküche einen Stern.

7, pl. de la Gare • Tel. 03 89 23 59 59 • www.grand-hotel-bristol.com • €€€

Sternengekrönte Küche: Le Rendez-vous de chasse (▶ S. 82).

Maison des Têtes

▶ S. 77, b 2

Historisches Ambiente • Im »Haus der Köpfe« ist ein empfehlenswertes Restaurant untergebracht.

19, rue des Têtes • Tel. 03 89 24 43 43 • www.la-maison-des-tetes.com • So abends, Mo, Di mittags geschl. • €€

Le Rapp

▶ S. 77, b 3

Saisonale Gerichte • Stilvolles Restaurant/Winstub mit elsässischer und feiner französischer Küche.

16, rue Berthe-Molly • Tel. 03 89 41 62 10 • www.rapp-hotel.com • Do abends, Fr, Sa mittags geschl. • €€

Caveau St-Pierre

▶ S. 77, b 4

Romantisch • Nettes Restaurant mit Terrasse, idyllisch in Petite Venise am Ufer der Lauch gelegen. Traditionelle regionale Küche, Tagesmenü je nach Saison und Marktangebot.

24, rue de la Herse • Tel. 03 89 41 99 33 • E-Mail: info@lecaveau saintpierre-colmar.com • So abends, Mo, Fr mittags geschl. • €

Aux Trois Poissons

▶ S. 77, c 4

Allerlei Fisch • Das typisch elsässisch eingerichtete Restaurant im ehemaligen Gerberviertel bietet diverse schmackhafte Fischspezialitäten. Reservierung empfohlen.

15, quai de la Poissonnerie • Tel. 03 89 41 25 21 • Di abends, Mi, So abends geschl. • €

Le Verre de Terres

▶ S. 77, c 4

Feine Weine • Restaurant und Wein-Bar am Rand von Petite Venise mit elsässischen Spezialitäten und einer besonderen Auswahl an Weinen. Zuvorkommender Service. Im Sommer kann man auf der Terrasse sitzen.

11, rue Wickram • Tel. 03 89 23 61 10 • Mo, So abends, Sa geschl. • €

Wistub Brenner

▶ S. 77, b 4

Traditionell tafeln • Die stimmungsvolle rustikale Weinstube ist in einem Haus aus dem 16. Jh. untergebracht. Serviert werden schmackhafte Spezialitäten der elsässischen Küche.

1, rue Turenne • Tel. 03 89 41 42 33 • www.wistub-brenner.fr • Di, Mi geschl. • €

EINKAUFEN
Antiquités ▸ S. 77, b 3
Der Antiquitätenladen verkauft Gemälde, Silber und Porzellan.
56, rue des Marchands

Arts et Collections d'Alsace
▸ S. 77, c 3
Das hübsche Geschäft bietet Nachbildungen von Museumsstücken: Zur Auswahl stehen Schmuck, Tücher, Christbaumschmuck und Töpferwaren.
1, rue des Tanneurs

Fromagerie St Nicolas ▸ S. 77, b 2
Rustikal eingerichteter Käseladen mit einer großen Auswahl an Rohmilchprodukten.
18, rue St-Nicolas

Thierry Mulhaupt ▸ S. 77, b 2
Feinste Schokoladen sowie diverse Naschereien und Süßigkeiten aus eigener Herstellung.
6, pl. de l'École

AM ABEND
Atelier du Rhin-Théâtre de la Manufacture ▸ S. 77, a 1
Modernes französisches Theater.
6, route d'Ingersheim • Tel. 03 89 24 31 78 • www.atelierdurhin.vom

SERVICE
AUSKUNFT
Office de Tourisme ▸ S. 77, b 1
4, rue d'Unterlinden • Tel. 03 89 20 68 92 • www.ot-colmar.fr • im Sommer Mo–Sa 9–19, So 10–13 Uhr

STADTFÜHRUNGEN ▸ S. 77, b 1
Juli, Aug. tgl. 11 Uhr • Preis 4 €, Kinder 2,50 € • Treffpunkt am Office de Tourisme

TAXI ▸ S. 77, westl. a 3
Pl. de la Gare • Tel. 03 89 80 71 71 (Radio Taxis Colmar)

Ziele in der Umgebung
◎ Ammerschwihr ▸ S. 118, C 8
1900 Einwohner
Das kleine Winzerstädtchen unweit von Colmar hat so gut wie keine Sehenswürdigkeiten im üblichen Sinn zu bieten: Von dem romantischen Vorkriegs-Dorf ist kaum etwas erhalten geblieben. Heute ist der Ort wegen seines berühmten Weinberges »Kaefferkopf« und für das Restaurant »Aux Armes de France« bekannt.
5 km nordwestl. von Colmar

MERIAN-Tipp

KOCHKURS IM »LE RENDEZ-VOUS DE CHASSE«
▸ S, 77, westl. a 3

Was man unter Anleitung einer Spitzenköchin auf den Teller gezaubert hat, ist ein spezielles Erlebnis. Michaela Peters, die Küchenchefin des eleganten Restaurants (▸ S. 82), ist seit Jahren die einzige deutsche Köchin mit Michelin-Stern in Frankreich. Gelernt hat sie ihr Metier u. a. bei Paul Haeberlin, ebenfalls ein Star unter den Gourmetköchen. Professionalität, Durchsetzungsvermögen und Liebe zur elsässischen Küche zeichnen die Sterneköchin aus. Ein Kochkurs bei Michaela Peters kostet 120 € pro Person (vier Gänge, ohne Getränke).
Colmar, 7, pl de la Gare (Grand Hotel Bristol) • Tel. 03 89 23 59 59 • www.grand-hotel-bristol.com

ESSEN UND TRINKEN
Aux Armes de France

Exzellente Weinkarte • Die verfeinerten traditionellen elsässischen Gerichte stellen auch den anspruchsvollsten Gourmet zufrieden. Die köstlichen Desserts überraschen auch nach mehreren Besuchen immer wieder. Die Weinkarte gilt als eine der besten der Region. Zum Übernachten stehen zehn Zimmer bereit.
1, Grand'Rue • Tel. 03 89 47 10 12 • www.aux-armes-de-france.com • Reservierung empfohlen • Mi, Do geschl. • €€€

◎ Le Bonhomme   ▶ S. 118, B 7

Der beliebte Luftkurort und Wintersportort (690 m) liegt 10 km westlich von Kaysersberg. Durch Tannenwald führt der Weg zum Col du Bonhomme (949 m) mit schönem Blick ins Elsass und nach Lothringen.
21 km nordwestl. von Colmar

◎ Gérardmer   ▶ S. 118, A 8
9600 Einwohner

Umgeben von den Hängen der Vogesen ist Gérardmer vor allem im Winter ein beliebtes Touristenziel: Skifahrer finden zahlreiche gute Pisten vor. Das Angebot an Wintersport reicht von Biathlon bis Schlittenhunde-Fahrten. Auch im Sommer bietet sich die waldreiche Gegend rund um den Badesee für einen Familienurlaub an. Man kann segeln und surfen, in den Wäldern wandern, die Radwege sind zahlreich und meist auch für Kinder geeignet. Wer sich für feinste Tisch- und Bettwäsche interessiert, findet im Direktverkauf Waren der französischen Edelmarken Blanc des Vosges und Garnier-Thiebault.
45 km westl. von Colmar

◎ Gunsbach   ▶ S. 118, B 8
700 Einwohner

In diesem Dorf im Tal der Fecht, unweit von Munster, steht das Haus, in dem Albert Schweitzer gelebt hat. Dieses Gebäude entwarf er übrigens selbst und ließ es 1928 bauen.
15 km westl. von Colmar

MUSEUM
Maison Albert Schweitzer

Dem Theologen, Musiker, Mediziner und Friedensnobelpreisträger Albert Schweitzer ist das Museum, das ihm einst als Wohnhaus diente, gewidmet. Seine Arbeit als Arzt im afrikanischen Lambarene (Gabun) machte ihn weltberühmt. Legendär auch die unermüdliche Energie des Arztes, der bei seiner aufreibenden Pflegearbeit mit wenig Schlaf auskam und von den meisten Tropenkrankheiten verschont blieb. Die Wohnräume sehen so aus, als würde der Hausherr gleich wiederkommen. Sogar sein Hut hängt noch an der Garderobe.
8, rue de Munster • Tel. 03 89 77 31 42 • www.schweitzer.org • Di–Sa Mo 9–11.30, 14–16.30 Uhr, Juli, Aug. auch So

◎ Le Hohneck   ▶ S. 118, B 8

Der 1381 m hohe Berg an der Vogesenkammstraße ist nach dem Grand Ballon (1424 m) die zweithöchste Erhebung der Vogesen und liegt in einer hochgebirgsartigen Landschaft mit vielfältiger Pflanzenwelt und Hochweiden, den sogenannten »chaumes«. Vom Gipfel hat man einen herrlichen Blick, der vom Donon bis zum Grand Ballon und weiter über die Rheinebene bis zum Schwarzwald, bei klarer Sicht sogar bis zu den Alpen reicht.
27 km westl. von Colmar

◎ **Kaysersberg** 🟤❽   ▸ S. 118, C 7

3000 Einwohner

Der kleine Weinort in den Vogesen-
vorbergen hat viel von seinem mittelalterlichen Erscheinungsbild bewahrt und ist für seine Weine und
Obstschnäpse bekannt. Dieses beliebte Ausflugsziel ist an Wochenen-
den häufig überlaufen. Mitten im
Ort führt eine befestigte Brücke aus
dem Jahr 1514 über die Weiß. Die
Kirche Ste-Croix aus dem 15. Jh.
hat ein schönes romanisches Portal,
im Inneren befinden sich zahlreiche
spätgotische Werke. In der Altstadt
sind gut erhaltene Fachwerkhäuser
aus dem 16. und 17. Jh. zu sehen. In
einem von ihnen wurde am 14. Januar 1875 Albert Schweitzer geboren. In seinem Geburtshaus ist ein
kleines Museum untergebracht, das
an sein Lebenswerk erinnert.

126, rue du Général-de-Gaulle •
April–Nov. tgl. 9–12 und 14–18 Uhr
11 km nordwestl. von Colmar

◎ **Kientzheim**   ▸ S. 118, C 8

900 Einwohner

In Kientzheim (nicht mit Kintzheim
zu verwechseln!) liegt das **Schwendi-
Schloss**. Es ist Sitz der Confrèrie
St-Etienne (Stephansbruderschaft),

WUSSTEN SIE, DASS …

… schon die Römer anfingen, im
Elsass Wein anzubauen? Sie tran-
ken ihren Schoppen gerne mit
Honig vermischt, um den sauren
Geschmack zu überdecken.

die sich mit der Qualitätsprüfung
der Elsässer Weine befasst. Im küh-
len Schlosskeller lagern etwa 36 000
Flaschen bester elsässischer Rebsäfte.
Der kaiserliche Stadtvogt Lazarus
von Schwendi hat das Schloss, in
dem ein Weinmuseum zu besichtigen ist, Ende des 16. Jh. ausgebaut.
Das alte Fachwerkdorf bietet einen
krassen Gegensatz zur Touristen-

Kaysersberg (▸ S. 85), einer der charmantesten Orte des Elsass, ist eine Topadresse,
um den heimischen Vorrat an Wein und Hochprozentigem aufzustocken.

hochburg Riquewihr: fast ebenso hübsch, aber viel friedlicher.
Château Schwendi • www.musee-du-vignoble-alsace.fr • Mai Sa, So, Juni–Okt. tgl. 10–12 und 14–18 Uhr • Eintritt 3 €, Kinder 2 €
11 km nordwestl. von Colmar

◎ Munster   ▸ S. 118, B 8
5000 Einwohner

In diesem Ort im Tal der Fecht wird mit dem berühmten Münsterkäse gehandelt, dem einzigen Beitrag des Elsass zum französischen Käsereichtum. Die rote runde Köstlichkeit soll in der Abtei erfunden worden sein,

die im 7. Jh. dem Ort seinen Namen gab. Heute wird er auf den umliegenden Bergbauernhöfen nach traditionellem Verfahren hergestellt.
19 km westl. von Colmar

◎ Le Petit Ballon   S. 118, B 8

12 km südlich von Münster erhebt sich der »Kleine Belchen« oder »Kahle Wasen« bis auf eine Höhe von immerhin 1267 m. Man erreicht ihn über das Dorf Luttenbach auf einer asphaltierten Forststraße. Der Fußmarsch auf den Gipfel (Dauer: 1 Std. 40 Min. hin und zurück) lohnt wegen der prächtigen Fernsicht auf das weite Tal der Fecht, das Massiv des Grand Ballon (▸ S. 93) im Süden und auf Kaiserstuhl und Schwarzwald jenseits der Rheinebene.
31 km südwestl. von Colmar

◎ Riquewihr   ▸ S. 118, C 7
1000 Einwohner

Dieser in jedem Reiseführer gepriesene Ort ist wirklich schön, aber leider völlig überlaufen. Die meisten Häuser stammen aus dem 16. und 17. Jh. und bezeugen den Wohlstand der Bürger dieser Zeit. Links vom Haupteingang zur rechtwinkelig angelegten Stadt liegt das ehemalige Schloss, ein einfacher Renaissancebau, in dem heute ein **Postmuseum** untergebracht ist. Am westlichen Ende der Hauptstraße erhebt sich der **Dolder**, ein imposanter Turm mit Tor aus dem Jahr 1291. Durch diesen gelangt man zum **Obertor** (1500) mit einem Fallgitter. Rechts von der Hauptstraße führt die schmale Rue des Juifs (Judengasse) mit dem sehenswerten **Judenhof** zur **Tour des Voleurs** (Diebesturm) mit Folterkammern und Verliesen.
13 km nordwestl. von Colmar

MERIAN-Tipp   9

MUSÉE DU VIGNOBLE ET DES VINS D'ALSACE   ▸ S. 118, C 8

In einem Nebengebäude des Schwendi-Schlosses wird die Arbeit der Winzer im Elsass, so wie sie schon vor Jahrhunderten stattfand, dokumentiert. Keltern aus dem 17. und 18. Jh., Traubenwagen, Schütten und altertümliche Spritzgeräte, moderne Weinpumpen und Kapselaufsetzer ... Selbst Kenner entdecken hier noch Neues über den elsässischen Wein. Die Ausstellungsstücke vermitteln wie die Sammlung von Fässern und Gläsern Eindrücke davon, was alles zum Genießen eines guten Tropfens gehörte oder noch immer gehört.
Kientzheim, Grand'Rue • www.musee-du-vignoble-alsace.fr • Mai Sa, So 10–12, 14–18, Juni–Nov. tgl. 10–12, 14–18 Uhr • Eintritt 4 €

MUSEEN

Musée du Dolder

Das im Torturm untergebrachte stadthistorische Museum zeigt Exponate und Abbildungen zur Stadtgeschichte.

16, rue du Général de Gaulle • Tel. 03 89 49 08 40 • www.ribeau ville-riquewihr.com • Sept.–Juni Sa, So 13.30–18, Juli, Aug. tgl. 13.30–18 Uhr

Musée Hansi

Das Museum zeigt Werke des elsässischen Malers Jean-Jacques Waltz (1873–1951), bekannt als »Hansi«.

16, rue du Général de Gaulle • Tel. 03 89 47 97 00 • April–Dez. Di–So. 10.30–18 Uhr

ÜBERNACHTEN

Du Dolder

Geschmackvoll gestaltet • Hinter der hübschen Fassade verbirgt sich ein gemütliches Hotel mit stilvoll eingerichteten Zimmern.

52, rue du Général de Gaulle • Tel. 03 89 47 92 56 • www.dolder.fr • 10 Zimmer • €

Mülhausen ▸ S. 120, C 11

112 000 Einwohner
Stadtplan ▸ S. 89

Mülhausen (Mulhouse) am Rand des Sundgaus ist nach Straßburg die zweitgrößte Stadt des Elsass und liegt 41 km südlich von Colmar in der Rheinebene. 2008 erhielt sie als erste elsässische Stadt das Label »Stadt der Kunst und Geschichte«.

Schon 1993 wurde ein prachtvolles Kulturzentrum aus der Taufe gehoben, das einen Schwerpunkt für Musik, Tanz, Theater und Ballett im Dreiländereck werden soll. **La Filature**, die Spinnerei, hat einen der modernsten Theatersäle Frankreichs und bietet mit ihrer stromlinienförmigen Fassade auch eine Attraktion für das Auge.

Die Stadt am Rand des Sundgaus verfügt außerdem über großartige Museen. Sie hat beispielsweise die legendäre Oldtimer-Sammlung der in Konkurs gegangenen Textilkönige Hans und Fritz Schlumpf zu bieten: die **Cité de l'Automobile – Musée National Collection Schlumpf** (▸ S. 88) auch »Louvre der Autoindustrie« genannt.

SEHENSWERTES

Hôtel de Ville ▸ S. 89, b 3

Die Fassade des alten Rathauses aus dem 16. Jh., in dem heute das historische Museum untergebracht ist, wurde im 17. Jh. mit allegorischen Figuren bemalt. An der rechten Seite hängt eine Kopie des berühmten »Klappersteins« (Original im Museum). Früher wurden Lügner und üble Klatschmäuler dazu verurteilt, mit dieser fast 13 kg schweren Maske rückwärts sitzend auf einem Esel durch die Stadt zu reiten.

Pl. de la Réunion

Parc zoologique 👫 ▸ S. 89, südl. b 4

Der schöne Zoo und zugleich Botanischer Garten erstreckt sich über ein rund 25 ha großes Gelände, auf dem etwa 1200 Tiere untergebracht sind. Das Areal besitzt zudem einen Spiel- und Picknickplatz sowie ein Restaurant.

111, av. de la Première D. B. (Oberer Eingang) • 1, av. de la 9e DIC (Unterer Eingang) • Tel. 03 89 31 85 10 • www.zoo-mulhouse.com • im Winter 10–15.30, im Sommer 9–19 Uhr • Eintritt 10 €, Kinder 5,50 €

Temple St-Etienne ▸ S. 89, b 2

Die evangelische Stephanskirche wurde im 19. Jh. errichtet, besonders der Innenraum ist bemerkenswert. Dort sind zehn herrliche Mosaikfenster aus dem 14. Jh. zu bewundern, die Szenen aus dem Alten und Neuen Testament darstellen und noch vom Vorgängerbau stammen.
Pl. de la Réunion

Tour du Bollwerk ▸ S. 89, c 2

Der bescheidene Turm zeugt von der mittelalterlichen Stadtbefestigung, die im 19. Jh. eingeebnet wurde.
Rue de Metz

Tour de l'Europe ▸ S. 89, c 2

Der 99 m hohe Europa-Turm ist ein Werk des Mülhauser Architekten François Spoerry (1912–1999).
Pl. de l'Europe

MUSEEN

Informationen über Sammeltickets und den 4-Tage-Museums-Pass zu 34 € erhalten Sie beim Office de Tourisme.
www.passmusees.com

Cité de l'Automobile – Musée National Collection Schlumpf ᵜᵜ
▸ S. 89, nördl. a 1

Die einzigartige Oldtimer-Sammlung des Automobilmuseums umfasst etwa 400 Sport- und Luxuswagen, die in einer ehemaligen Fabrikhalle ausgestellt sind. Wertvollstes Stück ist ein Bugatti »Coupe Napoléon«, der persönliche Luxuswagen des italienischen Automobilbauers Ettore Bugatti, der 1907 in Molsheim eine Fabrik eröffnete. Außer 123 Bugattis sind Modelle der Marken Alfa Romeo, Bentley, Ferrari, Maserati, Mercedes, Peugeot und Porsche zu sehen sowie ein Rolls-Royce »Silver Shadow«.

Das Museum ist der Sammelleidenschaft der Textilbarone Hans und Fritz Schlumpf zu verdanken, deren Imperium 1976 zusammenbrach. Die Zahlungsunfähigkeit trieb mehr als 2000 Mitarbeiter in die Arbeitslosigkeit; die Brüder flohen ins Exil in die Schweiz.
192, av. de Colmar • www.collection-schlumpf.com • in der Saison tgl. 10–18 Uhr • Eintritt 10,50 €, Kinder 8,10 €

> **WUSSTEN SIE, DASS …**
>
> … der Bugatti Veyron als eines der teuersten Autos der Welt im elsässischen Molsheim unter der Ägide des Volkswagen-Konzerns gefertigt wird? Die Spitzengeschwindigkeit des luxuriösen Flitzers beträgt über 400 km/h.

Cité du Train – Musée français du Chemin de fer ᵜᵜ
▸ S. 89, nordwestl. a 1

Das Eisenbahnmuseum »Cité du Train« stellt auf 6000 qm die größte Zugsammlung Europas aus. In Licht- und Tonvorführungen wird die Geschichte der Eisenbahn erzählt. Uralte Dampfloks, Miniaturzüge und Luxuswagons machen den Besuch zum Erlebnis. Sie dokumentieren die technische Entwicklung des französischen Eisenbahnbaus. Älteste Dampflok ist die grüne »St-Pierre« von 1844. Sehenswert ist ein luxuriös ausgestatteter Pullman-Salonwagen von 1926.
2, rue Alfred-de-Glehn • Tel. 03 89 42 83 33 • www.citedutrain.com •

tgl. 10–17, im Sommer bis 18 Uhr •
Eintritt 10 €, Kinder 7,60 €

Musée des Beaux-Arts ▸ S. 89, b 3

Das Mülhauser Kunstmuseum befindet sich in der Villa Steinbach, einem repräsentativen Haus aus dem
18. Jh. Ausgestellt sind Werke elsässischer Maler und Gemälde verschie-
dener Epochen, darunter Werke von
Cranach, Franck, Breughel, Rigaud,
Courbet und Boudin.
4, pl. Guillaume Tell • Tel. 03 89
33 78 11 • www.mulhouse.fr •
tgl. außer Di 10–12 und 14–18 Uhr •
Eintritt frei

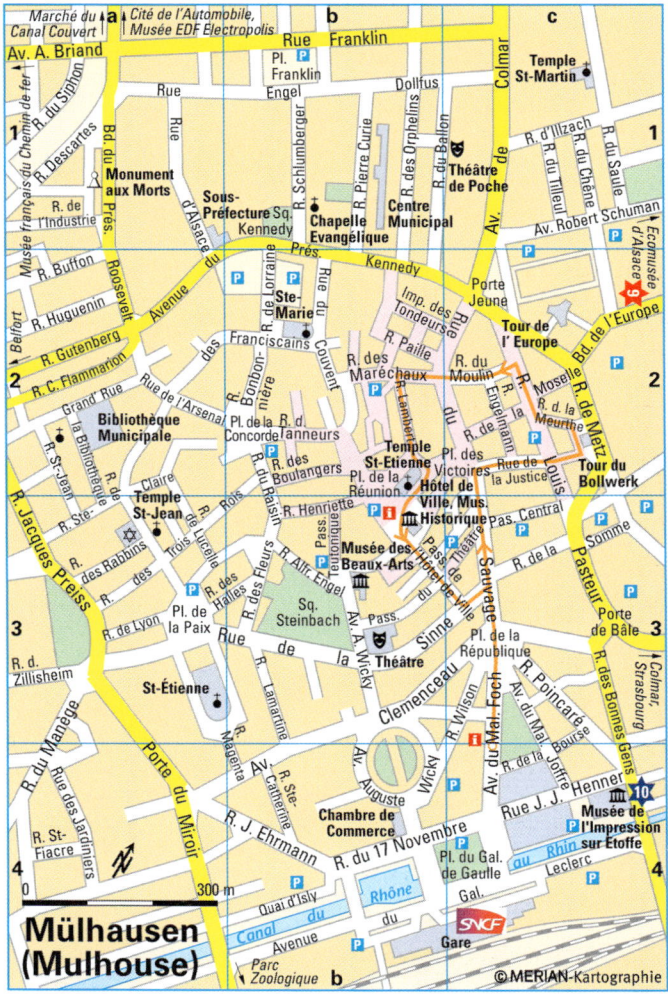

Mülhausen
(Mulhouse)

©MERIAN-Kartographie

Musée EDF Electropolis – L'aventure de l'électricité 🍴💺

> S. 89, nördl. a 1

Das Abenteuer Elektrizität wird im Electropolis-Museum bei interaktiven Versuchen erfahrbar. Die Geschichte der Elektrizität, ihre Erzeugung und die Anwendung in Freizeit und Beruf werden sehr anschaulich erklärt. Der Besuch des Museums ist auch für Schulkinder interessant.
55, rue du Pâturage • Tel. 03 89 32 48 50 • www.electropolis.tm.fr • Di–So 10–18 Uhr • Eintritt 8 €, Kinder 4 €

Musée Historique

> S. 89, b 3

Das im Renaissance-Rathaus aus dem Jahr 1552 untergebrachte Historische Museum zeigt frühgeschichtliche Waffen, Gefäße und Schmuck, mittelalterliche Holzskulpturen und eine Sammlung zur Stadtgeschichte.

Pl. de la Réunion • Tel. 03 89 33 78 17 • www.mulhouse.fr • tgl. außer Di 10–12 und 14–18 Uhr • Eintritt frei

SPAZIERGANG

Stadtplan > S. 89

Der Spaziergang durch Mülhausen beginnt am Office de Tourisme an der Avenue du Maréchal Foch. Man geht über die Place de la République geradeaus in die Rue du Sauvage, die Haupteinkaufsstraße.
An der Place des Victoires biegen Sie nach rechts in die Rue de la Justice, die zum **Bollwerk-Turm** an der Rue de Metz führt. Von dort geht es zurück in die Fußgängerzone durch die Rue de la Meurthe, Rue Louis Pasteur, Rue du Moulin und Rue des Maréchaux. Dort liegt der Geschäftskomplex **Cour des Maréchaux** mit zahlreichen modischen Boutiquen,

Oldtimer, Rennwagen, Limousinen: Das Musée National Collection Schlumpf (> S. 88) in Mülhausen präsentiert die ganze Welt des Automobils.

Cafés und Restaurants. Die Rue Lambert führt zur Kirche St-Etienne an der Place de la Réunion, wo das **Rathaus** mit dem **Historischen Museum** liegt. Die Passage de l'Hôtel de Ville führt zurück zur Place de la République und zur Avenue du Maréchal Foch.

Dauer: 45 Min.

ÜBERNACHTEN

Hôtel du Parc ▶ S. 89, b/c 3

Für Anspruchsvolle • Dieses in Marmor und Prunktapeten schwelgende Luxushotel bietet ruhige Zimmer mit Blick auf den Park.

26, rue de la Sinne • Tel. 03 89 66 12 22 • www.hotelduparc-mulhouse. com • 76 Zimmer • ♿ • €€€€

Bourse ▶ S. 89, c 4

Gediegen • Komfortables Haus zwischen Bahnhof und Zentrum. Die Lobby gleicht einem Country-Club.

14, rue de la Bourse • Tel. 03 89 56 18 44 • www.bourse-hotel.com • 48 Zimmer • €€€

Inter Hotel Salvator ▶ S. 89, c 3

Preiswertes Stadthotel • Zentral gelegen, komfortabel und modern eingerichtete Zimmer. Privater Parkplatz hinter dem Hotel. Reichhaltiges Frühstücksbüfett.

29, passage Central • Tel. 03 89 45 28 32 • www.hotelsalvator.fr • 50 Zimmer • €€

Bâle ▶ S. 89, c 3

Zentral • Einfaches, aber hübsches Hotel in der Stadtmitte. Funktional eingerichtete Gästezimmer, aber Salon und Speisesaal mit Stilmöbeln.

11, passage Central • Tel. 03 89 46 19 87 • www.hoteldebale.fr • 27 Zimmer • €

MERIAN-Tipp **10**

MUSÉE DE L'IMPRESSION SUR ÉTOFFE ▶ S. 89, c 4

Das beeindruckende Stoffdruckmuseum zeigt die Entwicklung des Stoffdrucks in verschiedenen Ländern vom 18. Jh. bis zur Gegenwart. In den Archiven des Museums ruhen fast 3 Mio. Stoffmuster und Zeichnungen. Herrlich sind die persischen Stoffe aus dem 18. und 19. Jh., die im Auftrag der Handelsgesellschaft »Compagnie française des Indes« angefertigt wurden.

Mülhausen, 14, rue Jean-Jacques Henner • Tel. 03 89 46 83 00 • www.musee-impression.com • Di–So 10–12 und 14–18 Uhr, Mo geschl. • Eintritt 8 €, Kinder 3 €

ESSEN UND TRINKEN

Auberge des Franciscains

▶ S. 89, a 2

Südelsässische Nostalgie • In der heimeligen Gaststube kommen auch weniger bekannte regionale Gerichte auf den Tisch des Hauses, wie »Fleischschnacka« oder »Cassolette« mit Munsterkäse.

46, rue des Franciscains • Tel. 03 89 45 32 77 • www.auberge-des-franciscains.com • So abend und Di abend geschl. • €

Le Bistrot d'Oscar ▶ S. 89, c 3

In Bahnhofsnähe • Gemütliches Bistro mit traditionell französischer Küche. Nette Atmosphäre und eine gute Weinkarte.

1, av. Maréchal Joffre • Tel. 03 89 45 25 09 • www.bistrot-oscar.com • Sa, So geschl. • €

Le Cellier
▶ S. 89, a 3

Zünftig • Heimelige Weinstube mit elsässischen Spezialitäten und leckeren Kartoffelgratins.
4, rue des Trois Rois • Tel. 03 89 66 04 84 • www.restaurant-lecellier.fr • Mo, Sa mittag, So geschl. • €

Zum Sauwadala
▶ S. 89, a 2

Üppig dekoriert • Eine Weinstube wie von der Postkarte. Die Einrichtung ist gemütlich, dunkles Holz, viele Bilder. Im Herbst gibt es auch köstliche Wildgerichte.
13, rue de l'Arsenal • Tel. 03 89 45 18 19 • www.restaurant-sauwadala. com • So, Mo mittag geschl. • €

Tour de l'Europe
▶ S. 89, c 2

Mit Fernblick • Der Panoramablick von diesem Drehrestaurant im 30. Stockwerk des Europa-Turms ist beeindruckend; die Küche vereint elsässische und mediterrane Einflüsse.
3, bd. de l'Europe • Tel. 03 89 45 12 14 • www.restaurant-tour-europe.com • Mo geschl. • €

EINKAUFEN

Au Bouton d'Or
▶ S. 89, b 2

Ein bemerkenswertes Geschäft am schönsten Platz der Stadt, hervorragende Auswahl an verschiedensten Käsesorten.
5, pl. de la Réunion

Carlos
▶ S. 89, c 2/3

Diese Bäckerei/Konditorei ist berühmt für die Torte mit drei Schokoladensorten und den Obstkuchen.
22, rue du Sauvage

Charcuterie Maurer
▶ S. 89, c 2/3

Hier finden Sie ein großes Angebot an feinen Wurstwaren.
24, rue du Sauvage

Jacques
▶ S. 89, b 2

Herrliche Auswahl an Kuchen, Gebäck und feinen Pralinen. Die Bitterschokoladenmousse ist ein Gedicht.
1, pl. de la Réunion

Marché du Canal Couvert
▶ S. 89, nordwestl. a 1

Dieser Großmarkt mit orientalischer Bazar-Atmosphäre ist eine Fundgrube für Hobbyköche, die gerne exotisch kochen. Nordafrikaner, Italiener, Südfranzosen und elsässische Händler bieten Minze und Mangos, Räucherwurst und Bioprodukte.
Av. Aristide Briand • Di, Do, Sa und vor Feiertagen

AM ABEND

Charlie's Bar
▶ S. 89, b 3

Im Nobel-Hotel du Parc befindet sich auch die etwas plüschige Bar im Chaplin-Stil. Für die Gäste gibt es Cocktails und Pianomusik.
26, rue de la Sinne • Tel. 03 89 66 12 22 • www.hotelduparc-mulhouse.com

La Filature
▶ S. 89, östl. c 2

Theater, Ballett, Konzerte, Opern und Gastspiele international bekannter Künstler – das Kulturzentrum Filature bietet anspruchsvolle Abendunterhaltung. Auskunft über das aktuelle Programm erhalten Interessierte in der Tagespresse, im Office de Tourisme oder bei Filature.
20, allée Nathan Katz • Karten: Tel. 03 89 36 28 28 • www.lafilature.org • tgl. 11–18.30 Uhr

SERVICE
AUSKUNFT

Office de Tourisme
▶ S. 89, c 3

9, av. Foch • Tel. 03 89 35 48 48 • www.tourisme-mulhouse.com

Infobüro im alten Rathaus

▸ S. 89, b 3

Pl. de la Réunion • Tel. 03 89 66
93 13 • Mo–Sa 10–18, So 10–12 und
14–18 Uhr

Ziele in der Umgebung
◉ Ecomusée d'Alsace 🟧9 🍴

▸ S. 120, C 10

In diesem 110 ha großen Freilicht-
museum mitten im Kaligebiet sind
etwa 70 elsässische Bauernhäuser zu
sehen. Die historisch wertvollen Gebäude, die an ihren Ursprungsorten
vom Abbruch bedroht waren, wurden abmontiert und hier Stein für
Stein wieder aufgebaut. Gegründet
wurde der Park 1984 von der Vereini-
gung »Maisons Paysannes d'Alsace«
(Bauernhäuservereinigung). Die Gebäude aus dem 12. bis 19. Jh., darunter auch eine Bäckerei, eine Schmie-
de und andere Handwerksbetriebe,
sind traditionsgemäß eingerichtet
und repräsentieren alle Regionen
des Elsass. Nur wenige Minuten vom
Ecomusée entfernt befindet sich
Le Bioscope, der erste Freizeitpark
Europas zum Thema Umwelt.
Ungersheim, Route de Guebwiller •
Tel. 03 89 62 43 11 • www.ecomusee-
alsace.fr • April, Okt., Nov. Mi–So 10–
17, Mai, Juni, Sept. Mi–So 10–18,
Juli, Aug. 10–19 Uhr • Eintritt 12 €,
Kinder 8,50 €, Juli und Aug. 16 €,
Kinder 11 €
12 km nördl. von Mülhausen

◉ Grand Ballon 🟥10 ▸ S. 120, B 10

Der »Große Belchen« ist mit 1424 m
höchster Gipfel der Vogesen. Auch
wenn der Aufstieg einige Mühe kostet, so bleibt doch der Ausblick unvergesslich. 400 m unterhalb der
Bergkuppe liegt der Lac du Grand
Ballon, zu dem man in 20 Min. hi-

nuntersteigen kann. Die Staumauer
wurde zwar von dem berühmten
Festungsbaumeister Vauban errichtet, hielt 1740 jedoch den Fluten
nicht stand und brach.
35 km nordwestl. von Mülhausen

◉ Murbach   ▸ S. 120, B 10

Die Abteikirche in Murbach stammt
aus dem 12. Jh. und gehört mit der
Benediktinerabtei von Marmoutier
bei Saverne zu den schönsten romanischen Bauwerken im Elsass. Der
hoch aufstrebende Bau aus rötli-
chem Vogesensandstein besticht vor
allem durch seine abgeschiedene
Lage in einem bewaldeten Seitental
der Lauch, 5 km von Guebwiller entfernt. Die Abtei war im 9. Jh. ein po-
litisch mächtiges und reiches Zentrum mit ausgedehnten Ländereien,
die bis nach Luzern in der Schweiz
reichten. Von den ursprünglichen
Bauten sind nur der Chor und das
Querschiff erhalten geblieben.
23 km nordwestl. von Mülhausen

◉ Thann   ▸ S. 120, B 10
8100 Einwohner

Die Stadt liegt am Eingang des Thur-
tals und am Endpunkt der Weinstraße. In Thann ragt der Turm der Kirche **St-Thiébaut** in den Himmel,
die nach dem Straßburger Münster
als schönste gotische Kirche im Elsass gilt. Fast 200 Jahre wurde ab
1350 an diesem Gotteshaus gebaut.
Das Ergebnis ist ein außerordent-
licher Reichtum an Figuren, dekora-
tiver Plastik und kunstvollen Schnit-
zereien. Der 76 m hohe Turm ist ein
Glanzstück der Spätgotik. Von der
alten Stadtbefestigung Thanns ist
der Hexenturm (**Tour des Sorcières**)
erhalten.
20 km westl. von Mülhausen

Die geschichtsträchtige Place Stanislas,
Herzstück der lothringischen Hauptstadt
Nancy (▶ S. 98), gehört seit 1983 zum
Weltkulturerbe der UNESCO.

Touren und
Ausflüge

Malerische kleine Dörfer und ländlich-erholsame Regionen, herrliche Aussichtspunkte und keltische Relikte –
welcher Ausflug steht als Erster auf dem Programm?

Das nordwestliche Elsass – Vom Château du Haut-Barr zur Abtei von Marmoutier

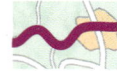

CHARAKTERISTIK: Gleich zwei fantastische Aussichtspunkte und eine romanische Abtei bietet diese Rundfahrt **DAUER:** mit Besichtigungen etwa 6 Std. **LÄNGE:** ca. 130 km **EINKEHRTIPP:** Restaurant Aux Deux Clefs, 30, rue du Général Leclerc, Marmoutier, Tel. 03 88 70 61 08 € **AUSKUNFT:** Office de Tourisme **KARTE ▶ S. 117, D 4**

Von Straßburg führt die Autobahn Metz–Paris in nordwestlicher Richtung bis zur 40 km entfernten Rosenstadt **Saverne**. Man verlässt Saverne auf der Rue du Général Leclerc und erreicht nach 5 km Fahrt auf der D 171 die imposante Burgruine **Haut-Barr**, die wegen ihres überwältigenden Ausblicks auch »Auge des Elsass« genannt wird. In 458 m Höhe ruht die Burg auf drei steil abfallenden Sandsteinfelsen. Ihre Ruinen stammen zum Teil noch aus dem 12. Jh. Besonders eindrucksvoll erhebt sich die **Wand des Palas** aus der Zeit der Staufer auf dem südlichen Felsen.

Haut-Barr ▶ Dabo

Von Haut-Barr folgt man der D 132 in Richtung Lutzelbourg. Nach etwa 12 km kommt man auf der D 98 zu dem in Frankreich einzigartigen Schiffshebewerk (**Plan incliné de St-Louis-Arzviller**). Mit etwas Glück kann man hier beobachten, wie die Schiffe in eine Art Riesenbottich geladen und auf Schienen mehr als 100 m den Hang hinaufgezogen werden.

Dabo ▶ Wasselonne

Auf derselben Straße erreicht man nach 10 km die lothringische Ortschaft **Dabo**. 1,5 km südöstlich des Ortes erklimmt man den Dagsburger Felsen (**Rocher de Dabo**, 664 m hoch) mit der St-Leo-Kapelle. Sie war Papst Leo IX geweiht, dem ersten elsässischen Papst im 11. Jh.

Auf der D 45 geht es über den **Col de Valsberg** und durch die Ortschaften **Dimbsthal** und **Sindelsberg**. Dort biegt man nach rechts auf die N 4 und erreicht bald **Marmoutier** (5 km südlich von Saverne). Die Kirche der ehemaligen Benediktinerabtei gehört zu den schönsten Schöpfungen romanischer Architektur im Elsass. Besonders die Westfassade ist beeindruckend. Über ihren drei Giebeln erheben sich drei wuchtige Türme. Im Innern lohnt sich die Besichtigung der Kanzel aus dem 16. Jh. sowie des Chorgestühls aus dem 18. Jh..

Ca. 10 km weiter in Richtung Straßburg liegt an der N 4 die Kleinstadt **Wasselonne** mit 5600 Einwohnern. Von der Burg ist ein Rundturm erhalten, von der Stadtbefestigung ein Torturm mit Pechnase. An der Place du Général Leclerc steht eine evangelische Kirche von 1755 mit einer **Silbermann-Orgel** aus Guebwiller. Sehenswert im Ortszentrum sind einige Häuser aus dem 17./18. Jh., die mit Hausmarken, Zunftzeichen und prächtigen Sonnenuhren verziert sind.

Über **Marlenheim**, wo die elsässische Weinstraße beginnt und Wege durch die Weinberge führen, kehrt man nach Straßburg zurück.

Wanderung auf den Taennchel – Bizarre Felsen und keltische Relikte

CHARAKTERISTIK: Die landschaftlich reizvolle Tour führt durch die mittleren Vogesen; damit man nicht vom Weg abkommt, ist eine Wanderkarte ratsam **AN-FAHRT:** Von der Schnellstraße Straßburg–Colmar (N 83) Ausfahrt Ste-Marie-aux-Mines und Villé, nach Lièpvre fahren. Dort links abbiegen in Richtung Schaentzel und einige Meter vor der Hauptkreuzung nach rechts (Hinweisschild »Vosges-Trotter«) auf einer ungeteerten Straße etwa 3 km bis zu einer Parkfläche an der Hütte fahren **DAUER:** mit Abstechern etwa 3 Std. **EINKEHRTIPP:** Winstub Aux Mines d'Argent, 8, rue Weisgerber, Ste-Marie-aux-Mines, Tel. 03 89 58 55 75, www.auxminesdargent.com €€ **AUSKUNFT:** Office de Tourisme Oberelsass, 1, rue Schlumberger, 68006 Colmar, Tel. 03 89 20 10 68, www.tourisme68.com **KARTE** ▶ S. 118, C 7

Die Wanderung führt auf das Plateau des Taennchel auf etwa 960 m Höhe, das mit seinen bizarren Felsen als »magische« Zone der Vogesen gilt. Dort erstreckt sich auch die 2,4 km lange, rätselhafte **Heidenmauer** aus keltischer Zeit.

Carrefour Rotzel ▶ Taennchel

Ausgangspunkt der Wanderung ist das **Carrefour Rotzel** (Hinweisschild »Carrefour Denny«, rot-weiß-rotes Rechteck). Man erreicht nach etwa 30 Min. eine scharfe Abzweigung nach rechts mit dem Hinweis »Taennchel«. In zwei Kurven geht es steil bergan bis zur Heidenmauer auf dem Plateau und zum **Carrefour Roche-Abri** (889 m). Dort führt der Weg weiter in Richtung »Rocher des Géants« und »Rocher des Reptiles« (rot-weiß-rotes Rechteck). Eine besonders schöne Aussicht bietet sich vom **Rocher de la Petite Fée**, danach führen die Felsentreppen bergab zum **Rocher des Géants** (940 m). Dort geht es weiter in Richtung »Rotzel« (gelbes Rechteck) steil bergab und um den »Rocher des Cordonniers« (Schusterfelsen) herum. Man überquert einen Graspfad und folgt

Die Heidenmauer (▶ S. 97): ein keltisches Bauwerk aus Findlingen.

bei der nächsten Kreuzung dem breiteren Weg nach links (Hinweisschild »Rotzel«) zum Ausgangspunkt zurück. In **Ste-Marie-aux-Mines**, das man bei der Anfahrt passiert, kann man sich von den Anstrengungen der Wandertour erholen.

Abstecher in Lothringens Hauptstadt Nancy – Bummel im Barockensemble

CHARAKTERISTIK: Nancy präsentiert mit der Place Stanislas und dem Jugendstil-Museum kulturelle Höhepunkte **DAUER:** Tagesausflug **LÄNGE:** Straßburg–Nancy 156 km **EINKEHRTIPP:** Brasserie Flo-Excelsior, 50, rue Henri Poincaré, Tel. 03 83 35 24 57 € **AUSKUNFT:** Office de Tourisme, Nancy, Tel. 03 83 35 22 41, www.ot-nancy.fr **KARTE ▶ S. 99**

Wenn Sie Straßburg über die Autobahn A 35 (später A 4) verlassen und bei der Ausfahrt 44 auf die N 4 abfahren, führt Sie der Weg durch die lothringischen Wälder. Nach rund 160 km liegt Lothringens Hauptstadt Nancy vor Ihnen, mit der **Place Stanislas**, die ins Weltkulturerbe der UNESCO aufgenommen wurde. Hier beginnt ein Rundgang, der Sie in etwa 2 Std. mit den wichtigsten Sehenswürdigkeiten vertraut macht.

Place Stanislas ▶ Grande Rue

Der Platz ist von den Pavillons umgeben, die der Architekt Emmanuel Héré auf Wunsch des Herzogs von Lothringen, Stanislas Leszczynski, im 18. Jh. geplant hat. In der Morgensonne schimmern die barocken Fassaden der Palais in hellem Grau, der Goldschmuck der schmiedeeisernen Gitter und Brunnen glänzt. Der Blick wandert die Pavillons hinauf, fängt sich in den Balustraden, wo Putten und Vasen üppiger Dekor sind. Das Rathaus, **Hôtel de Ville**, ziert eine Uhr, darüber das Wappen des Königs. Im Erdgeschoss befindet sich das Office de Tourisme. Das ehemalige Theater beherbergt heute das **Musée des Beaux-Arts** mit Werken der europäischen Malerei. In der Mitte des Platzes thront die Statue Stanislaus Leszczynskis, des Schwiegervaters des französischen Königs Ludwig XV.

In den Cafés am Rande des Platzes können Sie das Flair dieses barocken Architekturensembles in all seiner Pracht auf sich wirken lassen.

Verlässt man den Platz durch die Rue Héré, gelangt man vorbei am **Triumphbogen** zur Place Vaudemont und biegt nach rechts in die Grande Rue ein. Auf dem Weg in die Altstadt kommen Sie an Häusern vorbei, die mit Fensterfriesen aus Akanthusblättern auf sich aufmerksam machen. In dieser Straße stoßen Sie auf den **Palast der Herzöge**, den René II. im 15. Jh. bauen ließ. Das Dach, die Balkons und die Wasserspeier mit den drohend aufgerissenen Mäulern stehen noch ganz im Zeichen der Gotik.

Am Ende der Grande Rue erhebt sich das Stadttor **La Craffe**, eines der ältesten Bauwerke Nancys. 1340 gehörte es zur mittelalterlichen Stadtmauer. Den Weg zurück zur Place Stanislas können Sie über die Rue Braconnot durch den Parc de la Pépinière wählen. Unter Alleen hindurch, vorbei an Blumenrabatten, lässt es sich angenehm spazieren.

Jugendstil in Nancy

Die Stadt Nancy war gegen Ende des 19. Jh. ein Zentrum des Jugendstils. »**Art nouveau**«, neue Kunst, nannte sich diese Bewegung. Sie vereinte Kunst und Kunsthandwerk; Ziel war es, die unmittelbare Umgebung der

Menschen, ihre Möbel und Häuser, nach künstlerischen Maßgaben zu gestalten. Ein berühmter Vertreter der sogenannten Schule von Nancy war der Glas- und Keramikkünstler Emile Gallé. Im Musée de l'École de Nancy sind ganze Räume im Jugendstil eingerichtet. Die Natur mit ihren Pflanzen und Insekten hat die Künstler inspiriert. In dem von Eugène Vallin geschaffenen Esszimmer winden sich Pflanzenstängel eine Vitrine empor, selbst die Zimmerdecke ist mit Ranken bemalt. Die Lampen und Vasen des Museums erinnern an Seerosenknospen; Libellen und Schmetterlinge aus zerbrechlichem Glas sind Zierde geworden. Wer noch mehr Jugendstil sehen will, kann mit dem Auto eine Runde durch das Viertel drehen, in dem Jugendstilhäuser mit aufwändigen Details überraschen, oder in der Brasserie Flo zum Essen einkehren. 1911 eröffnet, ist das Lokal ganz im Stil des Art nouveau dekoriert. Riesige Spiegel und Fenster sorgen für eine freundliche Atmosphäre. Unter der hohen farnberankten Decke lässt sich bei einem leckeren Essen der Ausflug in den Jugendstil gelungen abrunden.

INFORMATIONEN

Museé de l'École de Nancy

▶ S. 99, südwestl. a 3

36–38, rue du Sergent Blandan • www.ecole-de-nancy.com • Mi–So 10.30–18 Uhr • Eintritt 6 €, Kinder frei

Das Stoffdruckmuseum in Mülhausen
(▶ MERIAN-Tipp, S. 91) zeigt Farben,
Muster, Maschinen und Druckverfahren
aus verschiedenen Epochen.

Wissenswertes
über das Elsass

Nützliche Informationen für einen gelungenen
Aufenthalt: Fakten über Land, Leute und Geschichte
sowie Reisepraktisches von A bis Z.

Auf einen Blick

Mehr erfahren über das Elsass – Informationen über Land und Leute, von Bevölkerung über Politik und Sprache bis Wirtschaft.

AMTSSPRACHE: Französisch
EINWOHNER: 1,8 Mio.
FLÄCHE: 8280 qkm
GRÖSSTE STADT: Straßburg
HÖCHSTER BERG: Grand Ballon, 1424 m
INTERNET: www.region-alsace.eu
VERWALTUNG: 2 Départements
WÄHRUNG: Euro

Bevölkerung

Die Geschichte hat die Elsässer über lange Zeit zwischen Deutschland und Frankreich hin- und hergerissen. Die Grenzlage machte die Region anfällig für kriegerische Eroberungen. Kulturelle und wirtschaftliche Einflüsse aus beiden Staaten prägen heute den Alltag. So werden z. B. elsässische Dialekte immer weniger gesprochen, Französisch dominiert. Die Wirtschaft profitiert u. a. von den vielen Touristen aus Deutschland. Mit ca. 223 Einwohnern pro qkm ist das Elsass für französische Verhältnisse dicht besiedelt.

Lage und Geografie

Das Elsass erstreckt sich von Nord nach Süd auf einer Länge von ca. 190 km, von West nach Ost auf einer Breite von rund 50 km. Seine natürlichen Grenzen bilden im Osten der Rhein, im Westen der Gebirgszug der Vogesen, im Norden der Pfälzer Wald und im Süden das beginnende Jura.

◄ Die Tageszeitung »Dernières Nouvelles d'Alsace« erscheint zweisprachig.

Die Vogesen sind im Norden von Buntsandstein bedeckt, die Südvogesen wurden von den Gletschern der Eiszeit abgeschliffen und erhielten die typischen runden Kuppen, die »Ballons«. Der höchste Gipfel heißt dann auch Grand Ballon bzw. Großer Belchen (1424 m).

Politik und Verwaltung

Die Region Elsass ist in zwei Départements eingeteilt: Bas-Rhin mit der Hauptstadt Straßburg und Haut-Rhin mit dem Zentrum Colmar. Das Département mit einem sehr großen Anteil an den Vogesen heißt Vosges, seine Hauptstadt Épinal, und es gehört zur Region Lothringen.

Die bewegte Vergangenheit war im Laufe der europäischen Einigung auch ein Argument dafür, dass man eine Reihe von europäischen Institutionen in Straßburg ansiedelte. Die Stadt ist Sitz des Europarates, des EU-Parlamentes, des Europäischen Gerichtshofes für Menschenrechte und des Eurokorps. Die relativ kleine Stadt hat damit einen hohen internationalen Bekanntheitsgrad erlangt.

Religion

Die Mehrheit der Bevölkerung ist katholischen Glaubens. Aufgrund der Geschichte lebt im Elsass auch ein großer Anteil an Protestanten. Die meisten Einwanderer gehören dem Islam an, in Straßburg gibt es auch eine jüdische Gemeinde.

Sprache

An erster Stelle wird französisch gesprochen, Kenntnisse dieser Sprache sind für Besucher von Vorteil. Ein immer geringer werdender Teil der Bevölkerung spricht Elsässisch, das aus den alemannischen Dialekten entstanden ist. Im Norden ist seine Variante einigermaßen für deutsche Muttersprachler verständlich, im Süden gleicht es dem Schweizerdeutsch. Fernsehen, Rundfunk und Tageszeitungen sind französischsprachig, wobei kurze Infoteile der regionalen Presse – beispielsweise der Tageszeitung »Dernières Nouvelles d'Alsace« – auch in deutscher Sprache erscheinen.

Wirtschaft

Die Grenzlage zur Schweiz und zu Deutschland macht das Elsass im Vergleich zu anderen Regionen Frankreichs wohlhabend: Export und Tourismus treffen auf gute Bedingungen. Ein großer Teil der Investitionen in die Wirtschaft stammt beispielsweise aus der Schweiz und aus Deutschland. Die Industrie nimmt mit etwa 30% den größten Anteil am elsässischen Bruttosozialprodukt ein; der Dienstleistungsbereich und die Landwirtschaft haben ebenfalls einen hohen Stellenwert. Angebaut werden natürlich diverse Rebsorten, aber auch Hopfen ist ein wichtiges Gewächs. Schließlich trinken die Franzosen gerne elsässisches Bier. Von Bedeutung ist zudem die Forstwirtschaft, u. a. tragen die großen Waldgebiete zur touristischen Attraktivität der Region bei. In der Industrie sind der Automobilbau bei Mülhausen und die Petrochemie erwähnenswert. Der Dienstleistungsbereich erhält vom Tourismus starke Impulse; Gastronome, Hoteliers und der Einzelhandel in den Städten machen dank der zahlreichen Urlauber gute Umsätze.

Geschichte

1000–100 v. Chr.

Die ersten Spuren einer Besiedlung im Elsass haben die Kelten hinterlassen. Auf dem Mont Ste-Odile, dem Odilienberg, bauen die Kelten die über 10 km lange »Heidenmauer«, die den Archäologen bis heute noch Rätsel aufgibt. Den gewaltigen Sandsteinblöcken wurden magische Kräfte nachgesagt. Druiden- und Opfersteine lassen auf heidnische Kulte der Kelten in Gallien schließen.

58 v. Chr.

Julius Caesar erobert das Gebiet des heutigen Elsass, wodurch es Bestandteil des Imperium Romanum wird.

12 v. Chr.

An einem keltischen Siedlungsplatz gründen die Römer ein befestigtes Heerlager namens Argentoratum (von lat. »argentum«: Silber, Geld), das sich im Lauf der Jahrhunderte zur Stadt Straßburg entwickelt. Die römische Armee organisiert Straßenbau, Verwaltung und Handel.

277 n. Chr.

Der römische Kaiser Probus hebt die Beschränkungen für den Weinbau auf.

Um 400

Germanisierung des Elsass, Eindringen der Alemannen in das Gebiet.

610

Vermutlich erste Erwähnung des Namens »Elsass«, der sich möglicherweise aus dem Namen der Ill entwickelte. Die, die an der Ill wohnen = die Ilsassen, aus denen durch Lautverschiebungen »Alsaciens« wurde.

Um 640

Gründung des Herzogtums Elsass unter der Herrschaft der Etichonen. Es werden die großen Klöster der Region gegründet: Hohenburg, der heutige Odilienberg, Ebersmünster, Murbach und Marmoutier.

Um 803

Mülhausen wird erstmals urkundlich erwähnt als Mühlensiedlung am Fluss Ill.

842

Ludwig der Deutsche und Karl der Kahle schließen mit den »Straßburger Eiden« einen Bündnisvertrag gegen ihren Bruder Lothar. Dies ist das erste Dokument in den Umgangssprachen beider Völker: Althochdeutsch und Altfranzösisch.

952

Das Elsass wird Teil des Herzogtums Schwaben. Unter den Staufenkaisern Friedrich Barbarossa und Friedrich II. erreicht die Klosterkultur im Elsass neue Höhepunkte. Die Äbtissin des Odilienklosters, Herrad von Landsberg, verfasst mit dem »Hortus Deliciarum« ein Handbuch des geistlichen und weltlichen Wissens ihrer Zeit.

1048–1054

Bruno von Dagsburg aus der Region um Dabo regiert als erster elsässischer Papst unter dem Namen Leo IX.

14. und 15. Jh.

Das Land zerfällt in eine Vielzahl weltlicher und geistlicher Herrschaften. Bildung von Stadtrepubliken unter Führung der Freien Reichsstadt Straßburg.

1354

Zusammenschluss der elsässischen Reichsstädte Haguenau, Colmar, Munster, Mulhouse, Kaysersberg, Rosheim, Obernai, Sélestat, Turckheim und Wissembourg zur »Dekapolis«, dem Zehnstädtebund, zum gegenseitigen Beistand.

15. Jh./16. Jh.

Im katholischen Elsass breitet sich die Reformation aus. Straßburg und Sélestat werden Hochburgen des Humanismus.

Um 1525

Die kaiserlichen Gebiete bleiben katholisch, die Reichsstädte werden protestantisch.

1529

Das Straßburger Münster wird protestantisch.

1648

Nach dem Westfälischen Frieden gerät das Elsass immer mehr unter französische Herrschaft. 1681 wird auch Straßburg vom Sonnenkönig Ludwig XIV. annektiert.

1798

Mülhausen wird französisch.

1871

Deutsch-Französischer Krieg: Frankreich muss das Elsass und Teile Lothringens an Deutschland abtreten.

1919

Deutschland muss den Vertrag von Versailles erfüllen und Elsass-Lothringen an Frankreich zurückgeben.

1940

Das Elsass wird von den Nationalsozialisten annektiert.

1945

Nach Ende des Zweiten Weltkriegs wird das Elsass wieder französisch.

1949

Straßburg wird Sitz des Europarates.

1958

Das Europäische Parlament erhält seinen Sitz in Straßburg.

März 1989

Erstmals seit 1929 kehren die französischen Sozialisten in das Straßburger Rathaus zurück (bis 2001).

1992

Der Führungsstab des Eurokorps, der zukünftigen Europa-Armee, wird in Straßburg angesiedelt.

Mai 1994

Deutsch-französisches Gipfeltreffen in Mülhausen: Das Eurokorps beteiligt sich erstmals an der Militärparade zum 14. Juli.

Dezember 1999

In Straßburg wird das neue Sitzungsgebäude des Europaparlaments eingeweiht.

2007

Das Europäische Parlament in Straßburg wählt den aus Deutschland stammenden Politiker Hans-Gert Pöttering zu seinem Präsidenten.

2009

Die Abgeordneten des Europaparlaments diskutieren, ob Straßburg weiterhin Tagungsort bleiben soll.

Sprachführer Französisch

Aussprache

~ über einem Vokal bedeutet, dass
   er nasal ausgesprochen wird:
ã wie chance
ẽ wie terrain
õ wie bonbon

Wichtige Wörter und Ausdrücke

Ja – oui [ui]
Nein – non [nõ]
danke – merci [mersi]
gern geschehen – de rien [dö rjän]
Wie bitte? – comment [komã]
Ich verstehe nicht. – je ne com-
   prends pas [schö nö kõmprã pa]
Entschuldigung – pardon/ excusez-
   moi [pardõ/exküseh-moa]
Hallo – salut [salü]
Guten Morgen/Tag – bonjour
   [bõschur]
Guten Abend – bonsoir [bõsuar]
Auf Wiedersehen – au revoir
   [oh röwuar]
Ich heiße … – je m'appelle
   [schö mapäl]
Ich komme aus … – je suis de
   [schö süi dö]
– Deutschland. – l'Allemagne
   [l'allmanj]
– Österreich. – l'Autriche
   [l'õtrisch]
– der Schweiz. – la Suisse [la suis]
Wie geht's? – comment allez-
   vous/vas-tu [kommät alleh-
   wu/ kommã wa-tü]
Danke, gut. – bien, merci
   [bjẽ mersi]
wer, was, welcher – qui, quoi, lequel
   [ki, koa, lökel]
wann – quand [kã]
wie viel – combien [kombiẽ]
wie lange – combien de temps –
   [kombiẽ dö tã]

Sprechen Sie Deutsch/Englisch?
   – parlez-vous allemand/ anglais
   [parleh-wu almã/ ãnglä]
heute – aujourd'hui [oschurdüi]
morgen – demain [dömẽ]
gestern – hier [iär]

Zahlen

eins – un [ẽ], une [ün]
zwei – deux [döh]
drei – trois [troa]
vier – quatre [katr]
fünf – cinq [sẽk]
sechs – six [sis]
sieben – sept [set]
acht – huit [üit]
neun – neuf [nöf]
zehn – dix [dis]
einhundert – cent [sã]
eintausend – mille [mil]

Unterwegs

rechts – à droite [a droat]
links – à gauche
   [a gohsch]
geradeaus – tout droit [tu droa]
Wie kommt man nach …? – pou-
   vez-vous m'indiquer le chemin
   pour aller à [puwe wu mẽdike lö
   schömã pur ale a]
Wo ist … – où se trouve
   [u sö truw]
– die nächste Werkstatt? – le garage
   le plus proche [lö garasch lö plü
   prosch]
– der Bahnhof? – la gare [la gar]
– die nächste U-Bahn? – l'arrêt de
   métro le plus proche [larrä dö me-
   troh lö plü prosch]
– der Flughafen? – l'aéroport
   [laehropor]
– die Touristeninformation?
   – l'office de tourisme [loffis dö
   turism]

– die nächste Tankstelle? – la stati-
on-service la plus proche
[la stasjõ servis la plü prosch]

Bitte voll tanken! – le plein s'il vous
plaît [lö plē sil wu plä]

Normalbenzin – essence [esãs]

Ich möchte ein Auto/Fahrrad
mieten. – je voudrais louer une
voiture/un vélo [schö wudrä lueh
ün voatür/ē welo]

Wir hatten einen Unfall. – on a eu
un accident [õna ü ē aksidã]

Wo finde ich … – où est-ce que je
trouve [uäskö schö truw]

– einen Arzt? – un médecin
[ē medsē]

– eine Apotheke? – une pharmacie
[ün farmasi]

Eine Fahrkarte nach … bitte!
– un ticket pour … s'il vous plaît!
[ē tikä pur …, sil wu plä]

Übernachten

Ich suche ein Hotel. – je cherche un
hôtel [schö schersch ēnohtäl]

Haben Sie noch Zimmer frei …
– avez-vous encore des chambres
libres [aweh-wu ãkor deh
schäbrdö libr]

– für eine Nacht? – pour une nuit
[pur ün nüi]

– für eine Woche? – pour une
semaine [pur ün sömän]

Ich habe ein Zimmer reserviert.
– j'ai réservé une chambre [schä
reserveh ün schäbr]

Wie viel kostet das Zimmer …
– combien coûte la chambre
[kombiē kut la schäbr]

– mit Frühstück? – avec le petit déjeuner [awek lö pöti dehschöneh]

– mit Halbpension? – en demi-pen-
sion [ã dömi pãsiõ]

Kann ich das Zimmer sehen?
– est-ce que je peux voir la chambre [äskö schö pöh vuar la schäbr]

Ich nehme das Zimmer. – je prends
la chambre [schö prã la schäbr]

Ich möchte mich beschweren.
– je voudrais porter plainte.
[schö wudrä porteh plēnt]

funktioniert nicht – ne marche pas
[nö marsch pa]

Essen und Trinken

Die Speisekarte bitte! – la carte s'il
vous plait [la kart sil wu plä]

Die Rechnung bitte! – l'addition s'il
vous plait [ladisjõ sil wu plä]

Ich hätte gern … – Je vais prendre
– [schö wä prãdre]

Wo finde ich die Toiletten (Da-
men/Herren)? – où sont les toilet-
tes? (dames/hommes) [u sõ leh
toalät (dam/ om)]

Kellner/-in – monsieur/mademoi-
selle/madame [mösjöh/ mad-
moasel/madam]

Frühstück – petit déjeuner [pöti
dehschöneh]

Mittagessen – déjeuner [dehschö-
neh]

Abendessen – dîner [dineh]

Einkaufen

Wo gibt es …? – où se trouve
[u sö truw]

Haben Sie …? – avez-vous
[aweh-wu]

Wie viel kostet …? – combien ça
coûte? [kombiē sa kut]

Das ist zu teuer. – c'est trop cher
[sä tro schär]

Geben Sie mir bitte 100 Gramm/
ein Kilo … – je voudrais cent
gramme/un kilo de [schö wudrä
sä gram/ ē kilo dö]

Briefmarken für einen Brief/eine
Postkarte nach … – des timbres
pour une lettre/carte postale pour
[deh tēbr pur ün lettr/ün kart
postal pur]

Kulinarisches Lexikon

A
agneau – Lamm
ail – Knoblauch
alsacienne (à l') – nach Elsässer Art,
  aber keine einheitliche Zuberei-
  tungsart
artichaut – Artischocke
asperges – Spargel

B
baeckeoffe – Eintopfgericht
bavette – saftiges Stück vom Rind,
  meist kurzgebraten
bibeleskäs – mit Schalotten gewürz-
  ter Quark
blanquette – Ragout aus Kalb,
  Lamm, Geflügel oder Fisch
bœuf – Ochse, Rind
brioche – Hefegebäck

C
canard – Ente
carpe – Karpfen
cèpes – Steinpilze
cerises – Kirschen
cerf – Hirsch
choucroute – Sauerkraut
clafoutis – Auflauf mit Obst
cochon de lait – Spanferkel
confit – Eingelegtes (meist Ente
  oder Gans)
coq – Hahn
côte – Rippenstück
crudités – Rohkostsalate
cumin – Kümmel

E
eau – Wasser
– minérale – Mineralwasser
– de vie – klarer Schnaps
entrée – Vorspeise
épinards – Spinat
escalope – Schnitzel
escargots – Schnecken

F
fermier – vom Bauernhof
flammekueche – Flammkuchen
framboises – Himbeeren
foie gras – Gänseleber
fromage (blanc) – Käse (Quark)
fruits – Obst

G
garni – mit Beilagen
gâteau – Kuchen
gibier – Wild
gigot – Keule
girolles – Pfifferlinge
glaçons – Eiswürfel
grillade – gegrilltes Fleisch

H
haricots – Bohnen
herbes – Kräuter
homard – Hummer
huîtres – Austern

J
jambon – Schinken
jus de fruits – Obstsaft

K
knack – Straßburger Knackwurst,
  wird im Wasser gekocht
knepfle – in Wasser pochierte Kartoffelknödel
kougelhopf – Hefenapfkuchen

L
lait – Milch
lapin – Kaninchen
lard – Speck
légumes – Beilagen, Gemüse
lentilles – Linsen
lewerknepfle – Kalbs- oder
  Schweinsleberknödel
lièvre – Hase
lotte – Seeteufel

M
meunière (à la) – Müllerin-Art
miel – Honig
milchstriwlas – Milchspätzle
moules – Miesmuscheln
moutarde – Senf
myrtilles – Heidelbeeren

N
noix – Walnuss
noques – Nocken
nouilles – Nudeln

O
œuf – Ei
ofekiechlas – Elsässer Vanille-
plätzchen
oie – Gans
oignon – Zwiebel

P
pain – Brot
pâté – Pastete
feuilletée – Blätterteig
pâtes – Teigwaren
pêche – Pfirsich
petits pois – Erbsen
poireau – Lauch
poires – Birnen
poisson – Fisch
poivre (vert) – (grüner) Pfeffer
poivrons – Paprikaschoten
pommes – Äpfel
– de terre – Kartoffeln
potage – Suppe
poulet – Hühnchen
prunelle – Schlehe, eine Elsässer
Schnapsspezialität

Q
quenelles – Klößchen
– de foie – Leberklöße

R
raisins – Weintrauben
– secs – Rosinen

rillettes – Pastete aus gehacktem,
gebratenem Schweinefleisch
riz – Reis
rognons – Nieren
rôti – Braten, gebraten

S
sanglier – Wildschwein
saucisse – Würstchen
– de Strasbourg – »Knack«, auch
»Strosburjer Knackwurscht«
genannt
saucisson (sec) – (Dauer-)Wurst
saumon – Lachs
schiffala – geräucherte Schweine-
schulter
sel – Salz
siaskàs – junger Münsterkäse (mit
Zucker und Obstbrand serviert)
soubise – Zwiebelpüree
sucre – Zucker

T
tarte (maison) – Torte (eigene
Herstellung)
thon – Thunfisch
thym – Thymian
tisane – Kräutertee
tranche – Scheibe
truite – Forelle
– aux amandes – mit Mandeln

V
veau – Kalb
viande (hachée) – (Hack-)Fleisch
vinaigre – Essig
vinaigrette – Essig-Öl-Marinade
volaille – Geflügel

W
wädele – Schweinshaxe, mit Kar-
toffelsalat und Meerrettich serviert
Wässerstriwela – Eierteig, erst
pochiert, dann mit Butter in der
Pfanne gebraten

Reisepraktisches von A–Z

ANREISE
MIT DEM AUTO

Aus nördlicher oder südlicher Richtung erreichen Sie das Elsass über die Autobahn Karlsruhe–Basel (A 5). Von Karlsruhe sind es etwa 80 km bis Straßburg. Die Ausfahrt führt über die Europabrücke in Kehl, wobei das Stadtzentrum 4 km hinter der deutsch-französischen Grenze liegt.

Die Autobahn von Straßburg in Richtung Paris ist bis Brumath und Haguenau zunächst gebührenfrei und erst ab Saverne gebührenpflichtig (»péage«).

Mit dem Auto nach **Straßburg** hineinzufahren ist etwas kompliziert: Am besten orientieren Sie sich an den Schildern Centre Ville, Place Kléber, Cathédrale oder La Petite France. Parkplätze und Parkhäuser im Zentrum Straßburgs sind teuer und oft besetzt. Fragen Sie in Ihrem Hotel nach Parkmöglichkeiten oder steuern Sie die beschilderten Park-and-Ride-Plätze (P + R) am Stadtrand an. Dort können Sie bequem in die Tram ins Centre Ville umsteigen.

MIT BAHN UND BUS

Gute Zugverbindungen nach Straßburg gibt es unter anderem von München, Frankfurt/Main, Saarbrücken, Salzburg, Wien, Basel und Zürich. Ansonsten muss man in Offenburg oder Kehl umsteigen (Fahrtdauer 10 Min.). Colmar und Mulhouse sind über Freiburg und Straßburg zu erreichen. Der Bahnhof von Colmar liegt 1 km vom Zentrum entfernt.

Vom Frankfurter Flughafen fährt ein **Shuttlebus** mehrmals täglich zum Straßburger Bahnhof (Preis für die einfache Fahrt 55 €, für Hin- und Rückfahrt 84 €).
Information: Tel. 01 80/5 80 58 05 • www.lufthansa-airportbus.de

Es bestehen außerdem Verbindungen von Freiburg zu den Bahnhöfen Mulhouse und Colmar:
Tel. 07 61/3 68 03 88 •
www.suedbadenbus.de

MIT DEM FLUGZEUG

Der größte Flughafen der Region ist der Euroairport bei Mulhouse/Basel.
Tel. 03 89 90 31 11 • www.euroair
port.com
Regelmäßig Busse ins Zentrum von Mulhouse (30 Min.).
In Straßburg liegt der Flughafen beim Vorort Entzheim.
Tel. 03 88 64 67 67 •
www.strasbourg.aeroport.fr •
Bus-Tramverbindung ins Centre Ville (30 Min.).
Auf www.atmosfair.de und www.myclimate.org kann jeder Reisende durch eine Spende für Klimaschutzprojekte für die CO_2-Emission seines Fluges aufkommen.

AUSKUNFT
IN DEUTSCHLAND, ÖSTERREICH UND DER SCHWEIZ
Atout France

– Zeppelinallee 37, 60325 Frankfurt/Main • Tel. 09 00/1 57 00 25 (0,49 €/Min.) • http://de.franceguide.com
– Lugeck 1–2 (Stg. 1/Top 7), 1010 Wien • Tel. 09 00/25 00 15 (0,68 €/Min.) • http://at.franceguide.com
– Rennweg 42, 8021 Zürich • Tel. 09 00/90 06 99 (Einwahl 1,20 €, 0,30 €/Min.) • http://ch.france guide.com

IM ELSASS

Agence de Développement Touristique du Bas-Rhin (Unter-elsass) ▸ Klappe hinten, d 3

4, rue Bartisch, 67000 Straßburg • Tel. 03 88 15 45 80 •
www.tourisme67.com

Association Départementale du Tourisme du Haut-Rhin (Oberelsass) ▸ S. 77, a 4

1, rue Schlumberger,
68000 Colmar • Tel. 03 89 20 10 68 •
www.tourisme68.com

BUCHTIPPS

André Weckmann: Schwarze Hor-nissen (Gollenstein, 2005) Der Au-
tor, 1924 in Steinburg im Elsass ge-
boren, hat zahlreiche Romane und
Gedichte über seine Heimat verfasst.
Das Elsass und seine Zerrissenheit
sind die Themen, die sich auch in
dieser Erzählung finden.

**Emma Guntz und André Weck-
mann (Hrsg.): Das Elsass. Ein
literarischer Reisebegleiter** (Insel,
2001) Der Sammelband gibt einen
sehr guten Einblick in die Situation
des Grenzlandes zwischen Rhein
und Vogesen und seiner Bewohner.
Die verschiedenen Autoren geben
anschaulich wieder, wie sie, Franzosen, Elsässer und Deutsche, einander
erleben.

Außerdem ist zum Elsass **Der Grü-
ne Reiseführer** von **MICHELIN** im
Handel erhältlich (TRAVEL HOUSE
MEDIA, 2008).

DIPLOMATISCHE VERTRETUNGEN

Generalkonsulat der Bundes-republik Deutschland

▸ Klappe hinten, östl. f 1

6, quai Mullenheim, 67084 Straßburg • Tel. 03 88 24 67 00

Generalkonsulat der Republik Österreich

▸ Klappe hinten, e 1

29, av. de la Paix, 67000 Straßburg •
Tel. 03 88 35 13 94

Generalkonsulat der Schweiz

▸ Klappe hinten, östl. f 1

23, rue Herder, 67000 Straßburg •
Tel. 03 88 35 00 70

FEIERTAGE

1. Jan. Neujahr
Karfreitag
Ostersonntag/-montag
1. Mai
8. Mai Waffenstillstand 1945
Christi Himmelfahrt
Pfingstsonntag/-montag
14. Juli Nationalfeiertag
15. Aug. Mariä Himmelfahrt
1. Nov. Allerheiligen
11. Nov. Waffenstillstand 1918
25./26. Dez. Weihnachten

GELD

1 €	1,52 sFr
1 SFr	0,66 €

Kreditkarten sind in Frankreich
sehr gebräuchlich, vor allem die von
Visa, American Express, Eurocard
und Diners. **Banken** haben in der
Regel Mo–Fr von 9–12 und 14 bis
17 Uhr geöffnet.

INTERNET

www.tourisme-alsace.com
Das Elsass im Internet.
www.tourisme67.com
www.tourisme68.com
Hier kann eine große Auswahl an
Prospekten zum Ober- und Unterelsass bestellt bzw. heruntergeladen
werden.

www.animations-vigneronnes.com
www.vignoble-couronne-or.com
Beide Webseiten informieren über
die Möglichkeit, das Elsass als Weinregion kennenzulernen.
www.alsace-route-des-vins.com
Internetpräsenz der Elsässer Weinstraße mit Infos zu allen Orten entlang der Strecke.

MEDIZINISCHE VERSORGUNG
KRANKENVERSICHERUNG

Die Vorlage einer Europäischen
Krankenversicherungskarte (EHIC)
ist ausreichend. Als zusätzlicher Ver-
sicherungsschutz empfiehlt sich der
Abschluss einer Auslandskranken-
versicherung, da diese Krankenrück-
transporte mitversichert.

KRANKENHAUS

Krankenhäuser befinden sich in
Straßburg und Colmar.

APOTHEKEN

Apotheken sind in der Regel von
Mo–Sa von 9–13 und 14–18.30 Uhr
geöffnet.

NOTRUF

Euronotruf Tel. 1 12
(Polizei, Feuerwehr, Rettungsdienst)

POST

Die Briefkästen in Frankreich sind
gelb. Briefmarken erhält man in Tabakläden und Postfilialen. Eine Postkarte nach Deutschland, Österreich
und in die Schweiz kostet 0,65 €.

REISEDOKUMENTE

Deutsche, Österreicher und Schwei-
zer können mit einem gültigen Rei-
sepass oder Personalausweis (Iden-
titätskarte) einreisen. Kinder unter
16 Jahren müssen im Pass eines

NEBENKOSTEN

1 Café au lait	2,50–3,50 €
1 Bier	2,50–3,00 €
1 Cola	2,00–2,50 €
1 Baguette	1,00–1,50 €
1 Schachtel Zigaretten	4,00–5,00 €
1 Liter Benzin	1,35 €
1 Fahrt mit öffentlichen Verkehrsmitteln (Einzelfahrt)	1,50 €
Mietwagen/Tag	ab 60,00 €

Elternteils eingetragen sein oder benötigen einen Kinderausweis.

REISEKNIGGE

Im Restaurant ist es nicht üblich,
gleich den nächsten freien Tisch
anzusteuern. Stattdessen werden Sie
von der Empfangsdame oder dem
Kellner an einen freien Tisch geleitet.
Wenn kein Tisch frei ist, kann man
an der Bar einen Aperitif nehmen,
um sich die Wartezeit zu verkürzen.
Wer an einer Weinprobe teilnimmt,
sollte wissen, dass der Wein nur in
kleinen Mengen geschluckt wird.
Um zu verhindern, dass die Wein-
aromen sich gegenseitig überlagern,
sollten Sie zwischen den einzelnen
Kostproben ein bisschen Brot essen.

REISEZEIT

Am schönsten ist ein Aufenthalt im
Elsass im Frühjahr und Sommer,
allerdings kann es im August sehr
warm werden. Dennoch eignet sich
dieser Monat besonders gut zu einem Besuch, da das Verkehrsauf-
kommen in diesem französischen
Ferienmonat erheblich geringer ist.
Sehr reizvoll ist auch ein Besuch
im Dezember. Dann schmücken sich
die meisten Städte und Dörfer des
Elsass mit weihnachtlicher Pracht.

TELEFON
VORWAHLEN

D, A, CH ▸ Frankreich 00 33
Frankreich ▸ D 00 49
Frankreich ▸ A 00 43
Frankreich ▸ CH 00 41

Für öffentliche Telefonzellen sind Telefonkarten (**Télécarte**) erforderlich, es gibt sie mit jeweils 50 und 120 Einheiten (in jedem Postamt Tabakgeschäft. Münzfernsprecher gibt es nicht mehr. Ohne Karte telefonieren kann man in den Postämtern am Schalter. Für Handy-Besitzer stehen im Elsass die Netze Itineris und SFR zur Verfügung. Handy-Benutzer mit einem festen Vertrag oder Prepaid-Karte sollten sich über die aktuellen Tarife ihres Anbieters informieren. Wer sich oft bzw. länger im Elsass aufhält, kann eine lokale Prepaid-Karte (mit neuer französischer Telefonnummer) erwerben.

TIERE

Hunde und Katzen benötigen zur Einreise einen EU-Heimtierausweis (stellt der Tierarzt aus) mit Nachweis einer Tollwutimpfung. Das Tier muss durch einen Mikrochip oder – nur noch bis Juli 2011 akzeptiert – durch eine Tätowierung identifizierbar sein.

TRINKGELD

Im Restaurant ist das Trinkgeld normalerweise inbegriffen. Es ist jedoch üblich, etwa 10 % der Rechnungssumme zu geben, wenn Sie mit dem Service zufrieden waren. Im Hotel ist ein Trinkgeld nur für Extraleistungen erforderlich, für den Gepäckträger etwa 0,50–1 €, für das Zimmermädchen etwa 1,60–3,50 € pro Tag.

VERKEHR
AUTO

Eine zweispurige Schnellstraße (Höchstgeschwindigkeit 110 km/h) durchzieht das Elsass von Norden nach Süden durch die Rheinebene und verbindet die Städte Straßburg, Colmar und Mülhausen.
Die Autobahn von Straßburg in Richtung Paris ist bis Brumath und Haguenau gebührenfrei und ab Saverne gebührenpflichtig (»péage«), die Geschwindigkeitsbegrenzung liegt bei 130 km/h. Achtung: Wer die zulässige Höchstgeschwindigkeit um 50 km/h oder mehr überschreitet, riskiert Geldstrafen bis zu 2500 €.

BUS UND BAHN

Eine besonders schnelle Verbindung zwischen Straßburg, Sélestat, Colmar und Mülhausen bietet der regionale Hochgeschwindigkeitszug

Mittelwerte	JAN	FEB	MÄR	APR	MAI	JUN	JUL	AUG	SEP	OKT	NOV	DEZ
Tagestemperatur	3	5	11	16	20	23	25	25	21	14	8	4
Nachttemperatur	-2	-2	1	5	8	12	13	13	11	6	2	-1
Sonnenstunden	2	2	5	6	7	7	7	7	6	4	2	1
Regentage pro Monat	15	13	12	13	13	14	14	13	12	12	13	14

TER 200, der von Straßburg nach Mülhausen 50 Min. braucht (mit dem Auto bis zu 90 Min.).

In den elsässischen Städten sind Autobusse die wichtigsten Verkehrsmittel, in Straßburg fährt außerdem eine Straßenbahn. Einzelfahrscheine kosten bis zu 1,50 €, preisgünstiger sind dagegen »carnets« mit fünf Fahrscheinen zu 5 €, die in allen Tabakläden, Banken, an Kiosken und in den Postämtern erhältlich sind.

FAHRRAD

Fahrräder kann man sich in vielen Städten, etwa Straßburg, Colmar, Mülhausen, Saverne und Sélestat, ausleihen. Die Miete beträgt zwischen 10 und 18 € pro Tag.

TAXI

Taxis halten nicht am Straßenrand. Man geht zum Taxistand oder bestellt sie telefonisch.

ZEITUNGEN

Die größte elsässische Tageszeitung ist die in Straßburg erscheinende (auch am So) »Dernières Nouvelles d'Alsace«, die auch in einer deutsch-französischen Ausgabe erscheint. Die zweitgrößte elsässische Tageszeitung ist »L'Alsace«, ebenfalls mit einer deutsch-französischen Ausgabe.

ZOLL

Reisende aus Deutschland und Österreich dürfen Waren abgabenfrei mit nach Hause nehmen, wenn diese für den privaten Gebrauch bestimmt sind. Bestimmte Richtmengen sollten jedoch nicht überschritten werden (z. B. 800 Zigaretten, 90 l Wein, 10 kg Kaffee). Weitere Auskünfte unter www.zoll.de und www.bmf.gv.at/zoll.

Reisende aus der Schweiz dürfen Waren im Wert von 300 SFr abgabenfrei mit nach Hause nehmen, wenn diese für den privaten Gebrauch bestimmt sind. Tabakwaren und Alkohol fallen nicht unter diese Wertgrenze und bleiben in bestimmten Mengen abgabenfrei (z. B. 200 Zigaretten, 2 l Wein). Weitere Auskünfte unter www.zoll.ch.

ENTFERNUNGEN (IN KM) ZWISCHEN WICHTIGEN ORTEN

	Barr	Colmar	Haguenau	Mülhausen	Ribeauvillé	Saverne	Sélestat	Straßburg	Thann	Wissembourg
Barr	–	42	62	105	35	45	20	31	85	94
Colmar	42	–	101	43	16	81	22	70	42	133
Haguenau	62	101	–	113	94	38	79	31	143	32
Mülhausen	105	43	113	–	59	124	65	113	18	176
Ribeauvillé	35	16	94	59	–	74	15	63	58	126
Saverne	45	81	38	124	74	–	59	37	123	70
Sélestat	20	22	79	65	15	59	–	48	65	111
Straßburg	31	70	31	113	63	37	48	–	112	63
Thann	85	42	143	18	58	123	65	112	–	175
Wissembourg	94	133	32	176	126	70	111	63	175	–

Kartenatlas

Maßstab 1:500 000

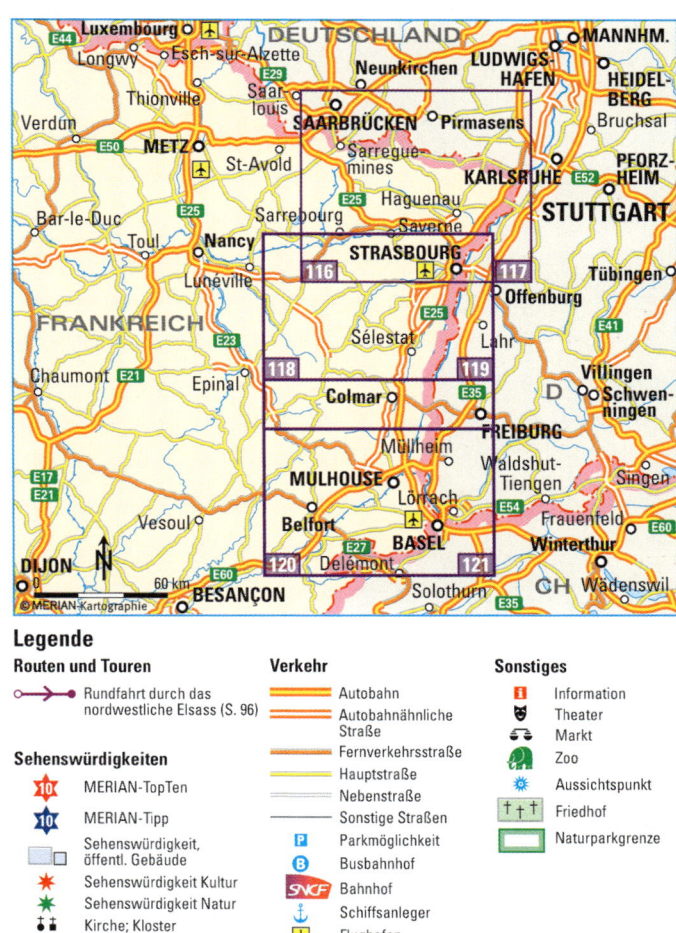

© MERIAN-Kartographie

Legende

Routen und Touren

○—→● Rundfahrt durch das nordwestliche Elsass (S. 96)

Sehenswürdigkeiten

10 MERIAN-TopTen

10 MERIAN-Tipp

▭ Sehenswürdigkeit, öffentl. Gebäude

✳ Sehenswürdigkeit Kultur

✳ Sehenswürdigkeit Natur

♛ Kirche; Kloster

🏰 Schloss, Burg; Ruine

✡ Synagoge

🏛 Museum

Denkmal

Verkehr

⬛⬛⬛ Autobahn

⬛⬛⬛ Autobahnähnliche Straße

⬛⬛⬛ Fernverkehrsstraße

⬛⬛⬛ Hauptstraße

⬛⬛⬛ Nebenstraße

⬛⬛⬛ Sonstige Straßen

🅿 Parkmöglichkeit

🅱 Busbahnhof

SNCF Bahnhof

⚓ Schiffsanleger

✈ Flughafen

⊕ Flugplatz

Sonstiges

ℹ Information

🎭 Theater

Markt

🐘 Zoo

☀ Aussichtspunkt

† † † Friedhof

▭ Naturparkgrenze

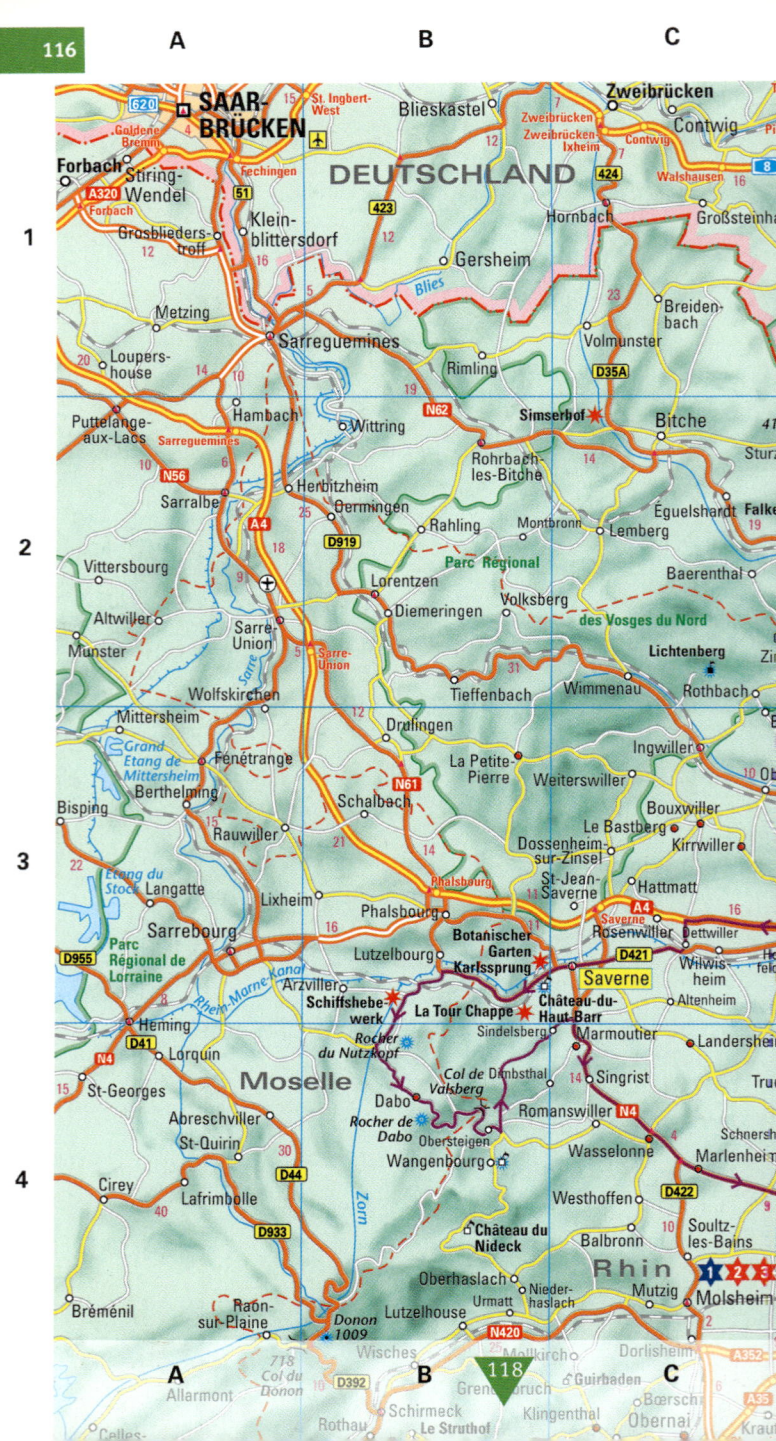

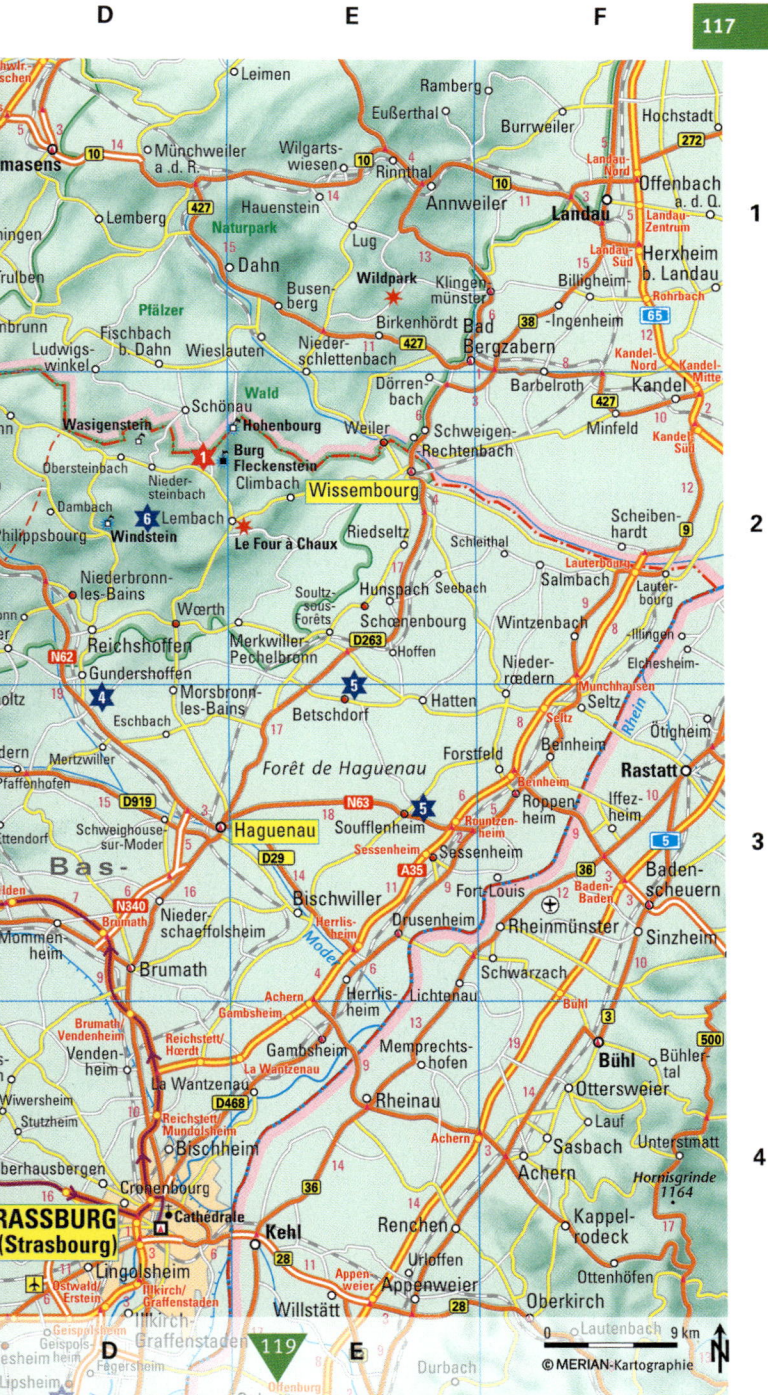

© MERIAN-Kartographie

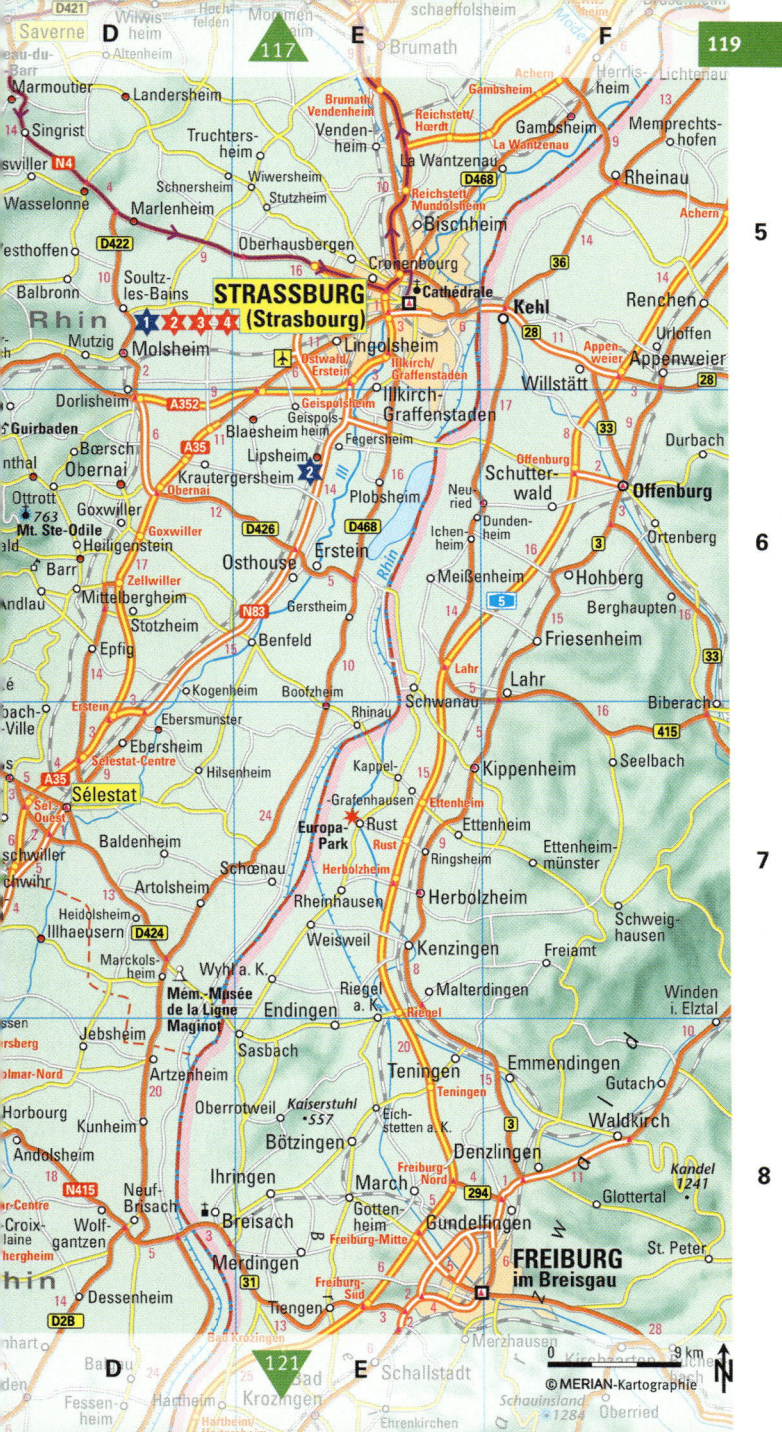

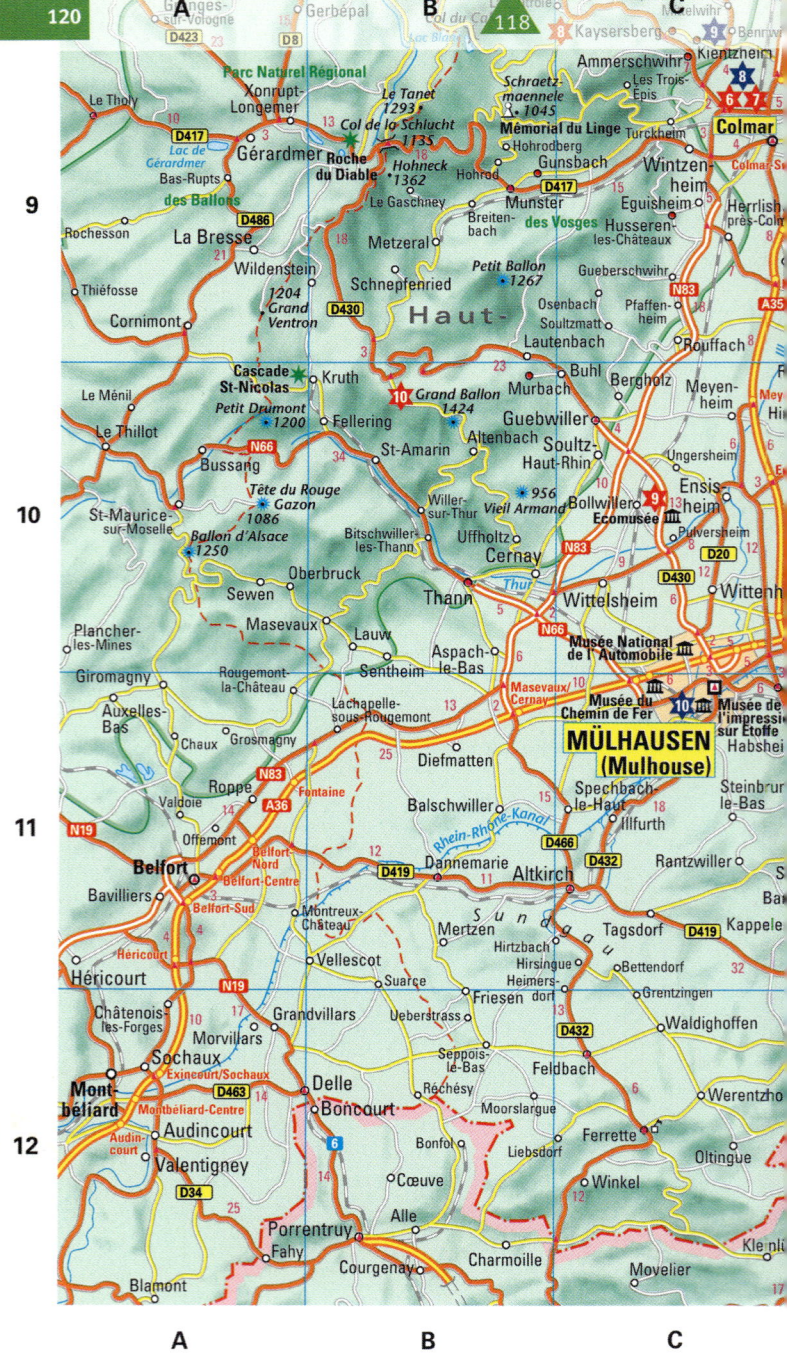

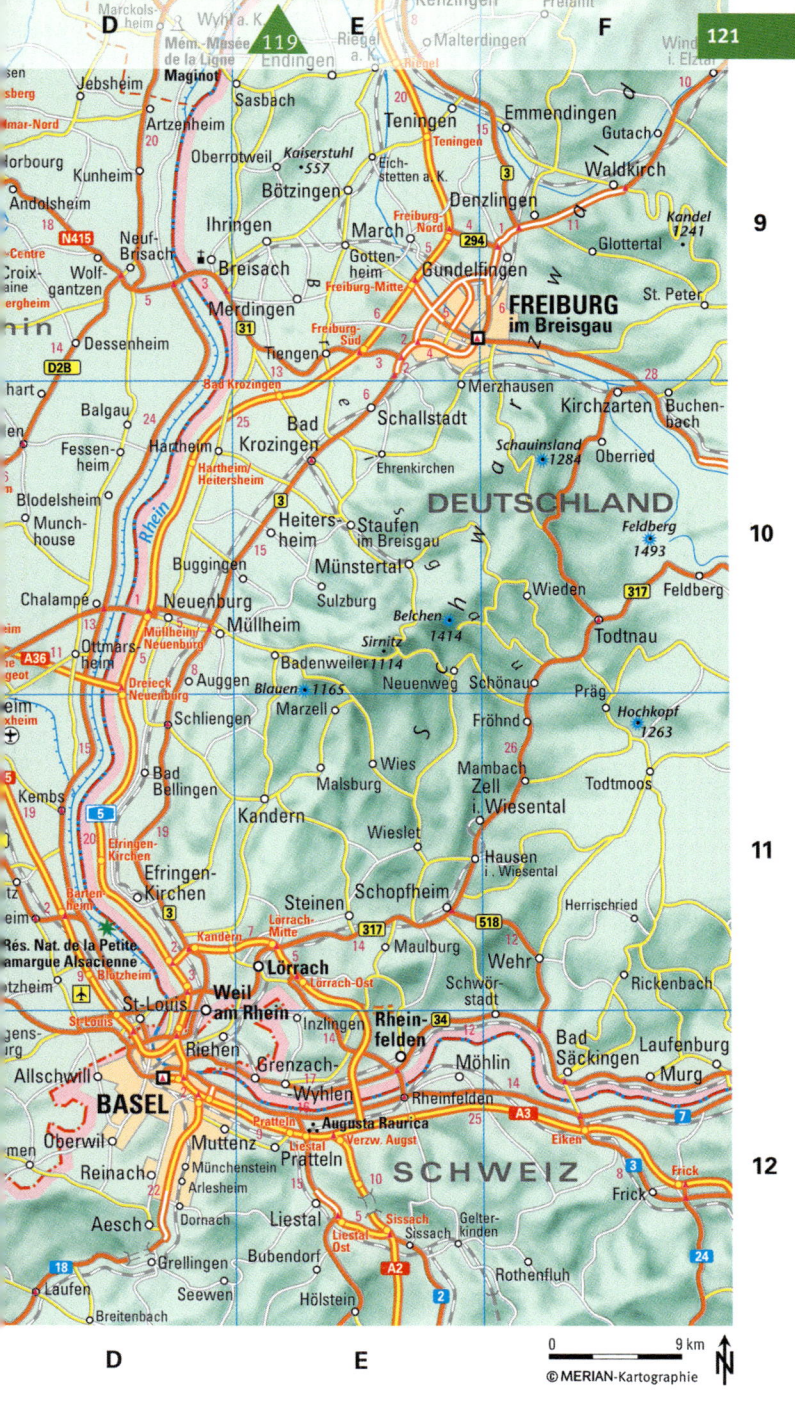

Kartenregister

Zeichenerklärung

○ Orte
▲ Gebirge
★ Sehenswürdigkeit
☆ Nationalpark

Orts- und Sachregister

Wird ein Begriff mehrfach aufgeführt, verweist die **fett** gedruckte Zahl auf die Hauptnennung, eine *kursive* Zahl auf ein Foto.
Abkürzungen:
Hotel [H]
Restaurant [R]

Liebe Leserinnen und Leser,
vielen Dank, dass Sie sich für einen Titel aus unserer Reihe MERIAN *live!* entschieden haben. Wir freuen uns, Ihre Meinung zu diesem Reiseführer zu erfahren. Bitte schreiben Sie uns an merian-live@travel-house-media.de, wenn Sie Berichtigungen und Ergänzungen haben – und natürlich auch, wenn Ihnen etwas ganz besonders gefällt.

Alle Angaben in diesem Reiseführer sind gewissenhaft geprüft. Preise, Öffnungszeiten usw. können sich aber schnell ändern. Für eventuelle Fehler übernimmt der Verlag keine Haftung.

© **2010 TRAVEL HOUSE MEDIA GmbH, München**
MERIAN ist eine eingetragene Marke der GANSKE VERLAGSGRUPPE.

1. Auflage

BEI INTERESSE AN DIGITALEN DATEN AUS DER MERIAN-KARTOGRAPHIE:
iPUBLISH GmbH, Abt. Cartography
merianmapbase@ipublish.de
www.merianmapbase.de

BEI INTERESSE AN ANZEIGENSCHALTUNG:
KV Kommunalverlag GmbH & Co KG
MediaCenterMünchen
Tel. 0 89/92 80 96 44
winzer@kommunalverlag.de

TRAVEL HOUSE MEDIA
Postfach 86 03 66
81630 München
merian-live@travel-house-media.de
www.merian.de

PROGRAMMLEITUNG
Dr. Stefan Rieß
REDAKTION
Simone Duling
LEKTORAT
Rosemarie Elsner
BILDREDAKTION
Anna Logermann
SCHLUSSREDAKTION
Ulla Thomsen
SATZ
Nadine Thiel | kreativsatz
REIHENGESTALTUNG
Independent Medien Design, Elke Irnstetter, Mathias Frisch
KARTEN
MERIAN-Kartographie
DRUCK UND BINDUNG
Polygraf Print, Slowakei
GEDRUCKT AUF
Eurobulk Papier von der Papier Union

Ein Unternehmen der
GANSKE VERLAGSGRUPPE

Mix
Produktgruppe aus vorbildlich bewirtschafteten Wäldern, kontrollierten Herkünften und Recyclingholz oder -fasern
www.fsc.org Zert.-Nr. SGS-COC-004980
© 1996 Forest Stewardship Council

FSC

BILDNACHWEIS

Titelbild (Fachwerkhaus in Niedermorschwihr an der Elsässischen Weinstraße), Superbild: Guy Marche
U. Bernhart 78 • Bildagentur Huber: K. Bachmann 24, R. Schmid 10/11 • Cour de Corbeau 12 • Das Fotoarchiv: M. Metzel 22 • Fotolia: Yvann K 64 • R. Freyer 56 • M. Hoffmann 14, 16, 26, 30/31, 39, 43, 45, 52, 59, 74, 81, 82, 90, 100/101, 102 • laif: P. Body/hemis.fr 71, M. Dreysse 32, M. Galli 4, B. Gardel/hemis.fr 2, T. Goisque/Le Figaro Magazine 66, F. Guiziou/hemis.fr 94/95, R. Mattes/hemis.fr 28, REA 61, M. Römers 85 • La Clairière: Y. Trotzier 21 • Photopress: Steffens 97 • Pressebüro Roth: G. Lenz 36 • Schapowalow: SIME 51